Stefan Haack

Theorie des öffentlichen Rechts
II

Stefan Haack

Theorie des öffentlichen Rechts II

Was bleibt von der Unterscheidung zwischen öffentlichem Recht und Privatrecht?

Mohr Siebeck

Stefan Haack, geboren 1975; Studium an der Universität Leipzig; 2001 Promotion; 2007 Habilitation; von 2009–2014 Universitätsprofessor für Öffentliches Recht an der Rheinischen Friedrich-Wilhelms-Universität Bonn; seit 2015 Inhaber des Lehrstuhls für Öffentliches Recht, insbesondere Staatsrecht an der Europa-Universität Viadrina in Frankfurt (Oder).

ISBN 978-3-16-157650-8 / eISBN 978-3-16-157651-5
DOI 10.1628/978-3-16-157651-5

Die Deutsche Nationalbibliothek verzeichnet diese Publikation in der Deutschen Nationalbibliographie; detaillierte bibliographische Daten sind über *http://dnb.dnb.de* abrufbar.

Das Buch wurde von Gulde-Druck in Tübingen aus der Minion gesetzt, auf alterungsbeständiges Werkdruckpapier gedruckt und gebunden.

Printed in Germany.

Inhalt

Erstes Kapitel:
Rechtstheoretische Ausgangspunkte

Zweites Kapitel:

Rechtshistorische Scheidemomente

Drittes Kapitel:

Rechtsdogmatische Korrekturen

Erstes Kapitel

Rechtstheoretische Ausgangspunkte

„Quelle jouissance ce fut pour eux de fouler ce sol qui leur manquait depuis si longtemps, de marcher sur un terrain solide, de ne plus être les jouets de l'atmosphère."
(*Jules Verne*, Robur le Conquérant, 1886)

I. Das Bedürfnis, die Dogmatik des öffentlichen Rechts mittels rechtstheoretischer Reflexionen besser als bislang zu fundieren

In Zeiten der politischen Ungewissheiten enthüllt sich, ob die Dogmatik des öffentlichen Rechts auf einem theoretischen Fundament fußt, das die Gefahr eines ideologischen Missbrauchs wenn schon nicht eliminiert, so doch zumindest verringert. Offenen oder verkappten politischen Manipulationen der staats- und verwaltungsrechtlichen Ordnung, gleichviel aus welcher Richtung, wirksam etwas entgegenzusetzen, bedeutet vor allem, mit jener rechtsdogmatischen Beliebigkeit aufzuräumen, die sich in der Wissenschaft vom öffentlichen Recht immer stärker verbreitet und durchgesetzt hat, nachdem man bei den verschiedensten Themenkomplexen der Auffassung war, aus Gründen der Praktikabilität auf eine rechtstheoretisch belastbare Fundierung verzichten zu können. Ein anschauliches Beispiel hierfür bildet jener dogmatische Wildwuchs, der in einer über mehr als einhundert Jahre hinweg geführten Debatte zum Verhältnis von öffentlichem Recht und Privatrecht – genau genommen ist es eine Vielzahl von zum Teil sehr unterschiedlichen Debatten gewesen – immer weiter um sich gegriffen hat.[1] Ein wesentlicher Grund für die dogmatische Beliebigkeit, die

---

[1] Die Beobachtung, dass die Diskussion über das Verhältnis des öffentlichen Rechts zum Privatrecht von Opportunismus geprägt ist, erscheint beinahe so alt wie diese selbst; vgl. *Zaccaria Giacometti*, Über die Grenzziehung zwischen Zivilrechts- und Verwaltungsrechtsinstituten in der Judikatur des schweizerischen Bundesgerichts, 1924, S. 48 f.; siehe dazu auch *Dieter Grimm*, Recht und Staat der bürgerlichen Gesellschaft, 1987, S. 93; *Theo Mayer-Maly*, in: Zur Erneuerung der Struktur der Rechtsordnung, 1970, S. 98, 99, sowie unten: IV.1.c.

sich daraus ergeben hat, lässt sich klar identifizieren: weite Teile der Unterscheidung von öffentlichem Recht und Privatrecht leiden an dem (mit dieser Schrift zu bekämpfenden) Irrtum, wonach die Dogmatik des öffentlichen Rechts von seinen Funktionen her zu entwickeln sein soll – ein Fehler, dem man auch in zahlreichen anderen Zusammenhängen begegnet. Aus einer funktionalen Perspektive heraus lässt sich lange und geistvoll darüber streiten, was diejenigen Normenkomplexe bezwecken, die man mit den Begriffen des öffentlichen Rechts und des Privatrechts zu kennzeichnen pflegt[2]; dabei kann man die unterschiedlichen Regelungsziele betonen[3] oder die Gemeinsamkeiten in den Vordergrund rücken, um sodann nach der Berechtigung einer Unterscheidung von öffentlichem Recht und Privatrecht zu fragen.[4] Für ein Erkenntnisinteresse, das auf die Funktionen der rechtlichen Bestimmungen gerichtet ist, sind derartige Erwägungen dienlich und legitim. Demgegenüber erweist sich eine solche Herangehensweise als unfähig, die Dogmatik des Staats- und Verwaltungsrechts so zu untermauern, dass sie einer politischen Vereinnahmung und damit einhergehenden Missbrauchsbestrebungen standhält: wo dies gelingen soll, ist es unumgänglich, die Dogmatik des öffentlichen Rechts aus einer originär juristischen Perspektive heraus zu entwickeln.

---

[2] Typisch für eine solche Herangehensweise erscheinen insbesondere: *Wolfgang Hoffmann-Riem*, in: Hoffmann-Riem/Schmidt-Aßmann (Hrsg.), Öffentliches Recht und Privatrecht als wechselseitige Auffangordnungen, 1997, S. 261; *Eberhard Schmidt-Aßmann*, in: Hoffmann-Riem/Schmidt-Aßmann (Hrsg.), Öffentliches Recht und Privatrecht als wechselseitige Auffangordnungen, 1997, S. 7; vgl. auch *Christian Brückner*, in: Festgabe zum Schweizerischen Juristentag 1985, 1985, S. 35, 41; *Martin Bullinger*, Öffentliches Recht und Privatrecht, 1968, S. 80 ff.; *Franz Bydlinski*, AcP 194 (1994), 319, 340 f.; *Martin Drath*, ZSozR 3 (1931), 229; *Dieter Grimm*, Das Öffentliche Recht vor der Frage nach seiner Identität, 2012, S. 54. *Thomas Vesting* (in: Schlosser [Hrsg.], Bürgerliches Gesetzbuch 1896–1996, 1997, S. 183, 200) meint, mit der „Umstellung auf folgenorientierte-funktionale Argumentationsfiguren" werde der „Übergang zur sozialstaatlichen Massendemokratie dogmatisch nachvollzogen und verarbeitet".

[3] In diese Richtung *Franz Bydlinski*, in: Festschrift für Walter Wilburg, 1975, S. 53, 61; *Dieter Grimm*, Das Öffentliche Recht vor der Frage nach seiner Identität, 2012, S. 52 f.; *Thomas Vesting*, in: Schlosser (Hrsg.), Bürgerliches Gesetzbuch 1896–1996, 1997, S. 183, 194 ff.

[4] Vgl. *Martin Bullinger*, Öffentliches Recht und Privatrecht, 1968, S. 75 ff.; *Franz Bydlinski*, AcP 194 (1994), 319, 342 f.; *Dieter Grimm*, Das Öffentliche Recht vor der Frage nach seiner Identität, 2012, S. 58 ff.; siehe dazu ferner *Michael Stolleis*, in: Hoffmann-Riem/Schmidt-Aßmann (Hrsg.), Öffentliches Recht und Privatrecht als wechselseitige Auffangordnungen, 1997, S. 41, 58 f.; *Thomas Vesting*, in: Schlosser (Hrsg.), Bürgerliches Gesetzbuch 1896–1996, 1997, S. 183, 194 ff.

Was ergibt sich daraus im Hinblick auf den Gegenstand dieser Studie: die Unterscheidung des öffentlichen Rechts vom Privatrecht? Um das öffentliche Recht in seiner Eigenart zu erfassen und dessen Beziehungen zu anderen Rechtsgebieten, insbesondere zum Privatrecht, zu definieren, kommt es zunächst darauf an, mehrere rechtstheoretische Ausgangspunkte zu klären. Dies sind: die Verankerung der juristischen Dogmatik in den Kategorien des subjektiven Rechts und der bestrittenen Rechtsbehauptung[5], der hieraus sich ergebende Sonderrechtscharakter sämtlichen Rechts[6] sowie die Beschaffenheit des hoheitlichen Gewaltverhältnisses in einem Rechtsstaat[7].

II. Erster Ausgangspunkt: das subjektive Recht und die bestrittene Rechtsbehauptung als Dreh- und Angelpunkt der Dogmatik

Im ersten Teil der Reihe ‚Theorie des öffentlichen Rechts' wurde gezeigt, warum sich eine Dogmatik des öffentlichen Rechts, die diesen Namen verdient, nur vom Rechtssubjekt und von den subjektiven Rechten her gewinnen und voranbringen lässt.[8] Dementsprechend kommt es für die Rechtsqualität einer Norm darauf an, ob sie ihrer Beschaffenheit nach dafür geeignet erscheint und von der normsetzenden Instanz zumindest potentiell dazu bestimmt worden ist, im Falle einer bestrittenen Rechtsbehauptung von einem Gericht als Entscheidungsmaßstab herangezogen zu werden.[9] Ebenso sollte deutlich geworden sein, wie sämtliche Begriffe und Kategorien ihre juristische Relevanz daher beziehen, dass sie sich auf die bestritte-

---

[5] Dazu nachstehend: II.

[6] Dazu nachstehend: III.

[7] Dazu nachstehend: IV.

[8] *Stefan Haack*, Theorie des öffentlichen Rechts, 2017.

[9] An dieser Rechtsqualität fehlt es insbesondere bei denjenigen Normen, die von vornherein nur im verwaltungsbehördlichen Verfahren, nicht jedoch in verwaltungsgerichtlichen Prozessen als Prüfungs- und Entscheidungsmaßstab fungieren, wie z.B. Verwaltungsvorschriften. Derartige Normen als öffentliches Recht zu behandeln (oder hierin gar ein besonders hohes Maß von Öffentlichrechtlichkeit zu erblicken), ist irreführend – nichtsdestoweniger deuten zahlreiche Arbeiten in diese Richtung (siehe statt vieler *Erich Molitor*, Über öffentliches Recht und Privatrecht, 1949, S. 58). Auch vom Standpunkt einer funktionellen Betrachtungsweise her wird diese Abgrenzung ausgeblendet und in Frage gestellt; vgl. hierfür beispielsweise *Christian Brückner*, in: Festgabe zum Schweizerischen Juristentag 1985, 1985, S. 35, 41: „Das öffentliche Recht ist nicht in erster Linie um der gerechten Konfliktschlichtung willen da, sondern es enthält die unumgängliche Programmierung des staatlichen Handelns an sich".

ne Rechtsbehauptung als die Ur-Situation jedes rechtlichen Denkens zurückführen lassen. Im vorliegenden zweiten Essay dieser Reihe geht es darum, die Konsequenzen unserer Lehre für die Unterscheidung von öffentlichem Recht und Privatrecht zu zeigen. Was bleibt von dieser Differenzierung, wenn man sie von einem solchen Ansatz her untersucht?

Die erste und nächstliegende Schlussfolgerung lautet, dass auch die Begriffe des öffentlichen Rechts und des Privatrechts, vor allem jedoch die Unterscheidungen, die sie markieren, wie sämtliche anderen Unterscheidungen und Begriffe in juristischer Hinsicht nur insoweit relevant sind, als sie Bedeutung für das Bestehen oder den Inhalt von konkreten Rechtsansprüchen erlangen können.[10] Die Kategorien des öffentlichen Rechts und des Privatrechts beziehen sich damit (in einer genauer zu untersuchenden Weise) auf die Beschaffenheit einzelner Anspruchsgrundlagen.[11] Den Erkenntniswert einer solchen juristischen Klassifizierung von Anspruchsgrundlagen darf man weder zu hoch noch zu gering veranschlagen: sie soll dazu dienen, den Anwendungsbereich von materiell-rechtlichen Bestimmungen abzugrenzen und gerichtliche Zuständigkeiten zu definieren.[12] Als dogmatischer Ertrag kommt dies dem ein oder anderen Rechtswissenschaftler gering vor, insbesondere wenn man es im Verhältnis zu jenem theoretischen Aufwand betrachtet, der damit verbunden erscheint[13] – gleichwohl untergräbt man die Grundlagen unseres Fachs, wenn man an-

---

[10] Es ist deshalb unangemessen, die unterschiedlichen Funktionen der Differenzierung von öffentlichem Recht und Privatrecht im kontinentaleuropäischen und im britischen Recht in der Weise zu kontrastieren, dass die Unterscheidung auf dem Kontinent der Klassifizierung von Rechtstiteln diene, während es sich in England um ein Instrument zur Fallanalyse handeln soll (so *Geoffrey Samuel*, MLR 46 [1983], 558, 570). Mit diesem Essay wollen wir (unter anderem) zeigen, dass auch eine Klassifizierung von Rechtstiteln dogmatisch nur insoweit sinnvoll und möglich erscheint, als sie zur Lösung juristischer Streitfälle beiträgt.

[11] Diesen Standpunkt vertreten insbesondere *Erich Molitor*, Über öffentliches Recht und Privatrecht, 1949, S. 51 ff.; *Jürgen Schwabe*, Die sogenannte Drittwirkung der Grundrechte, 1971, S. 33 f.; *Rolf Stober*, in: Wolff/Bachof/Stober/Kluth, Verwaltungsrecht I, 13. Aufl., 2017, § 22 Rn. 30; *Ernst Wolf*, in: Festschrift für Erich Molitor, 1962, S. 1, 7. Anders jedoch *Heinrich de Wall*, Die Anwendbarkeit privatrechtlicher Vorschriften im Verwaltungsrecht, 1999, S. 45; *Hans J. Wolff*, AöR 76 (1950/51), 205, 207. Dazu ausführlich unten: Drittes Kapitel, I.

[12] Siehe dazu die Überblicke bei *Günter Püttner*, in: Festschrift für Hartmut Maurer, 2001, S. 713 f.; *Rolf Stober*, in: Wolff/Bachof/Stober/Kluth, Verwaltungsrecht I, 13. Aufl., 2017, § 22 Rnrn. 7 ff.; *Heinrich de Wall*, Die Anwendbarkeit privatrechtlicher Vorschriften im Verwaltungsrecht, 1999, S. 23.

[13] Vgl. *Fritz Baur*, JZ 1963, 41; *Christian Brückner*, in: Festgabe zum Schweizerischen Juristentag 1985, 1985, S. 35, 44; *Michael Stolleis*, in: Hoffmann-Riem/Schmidt-Aß-

dere, im Wesentlichen funktional ausgerichtete Erwartungen an die begrifflichen Differenzierungen der Rechtsdogmatik und die hieraus sich ergebenden Möglichkeiten einer Klassifizierung von Normen heranträgt.[14]

III. Zweiter Ausgangspunkt: der Sonderrechtscharakter aller rechtlichen Normen

1. Der Zusammenhang von Rechtssubjektivität und subjektivem Recht

Aus der Konzentration des rechtsdogmatischen Denkens auf die Situation der bestrittenen Rechtsbehauptung, wie sie im ersten Teil der Reihe ‚Theorie des öffentlichen Rechts' postuliert und dargelegt worden ist, lässt sich auch unsere zweite Prämisse gewinnen. Die rechtliche Ordnung kann hiernach nichts anderes sein als eine Zuordnung von subjektiven Rechten zu den durch sie geschaffenen Rechtssubjekten – sie definiert in einem ersten Schritt Anspruchsgrundlagen und in einem zweiten Schritt Rechtssubjekte, die dazu berechtigt erscheinen, diese Ansprüche geltend zu machen.[15] Aus der dogmatisch ausschlaggebenden Perspektive einer bestrittenen Rechtsbehauptung liegen die subjektiven Rechte den Rechtssubjekten voraus – sie sind es, welche die rechtliche Personalität bedingen und hervortreten lassen.[16] Auch derjenige, dem das zu weit geht, wird zugeben müssen, dass es allein die rechtliche Ordnung sein kann, welche die Rechtssubjekte kreiert. Dies gilt auch für den juristischen Daseinsgrund der natürlichen Person, sprich: für die rechtliche Stellung des Menschen, was sich am leichtesten daran ablesen lässt, dass der Gesetzgeber festlegt, ab welchem Zeitpunkt die Rechtsfähigkeit des einzelnen Menschen beginnt. Dass er dabei an die Vorgaben der Verfassung gebunden erscheint, ändert an diesem Zusammenhang nichts: es bleibt in jedem Falle die rechtliche Ordnung, welche die Fähigkeit zuerkennt, Träger von Rechten und Pflichten zu sein. Von

---

mann (Hrsg.), Öffentliches Recht und Privatrecht als wechselseitige Auffangordnungen, 1997, S. 41, 59.

[14] Um Missverständnissen vorzubeugen, sei noch einmal betont, dass hiermit jene Überlegungen gemeint sind, die sich auf die (sozialen) Funktionen der rechtlichen Normen beziehen; hiervon sind diejenigen Argumente und Erwägungen abzugrenzen, die sich mit den dogmatischen Funktionen von juristischen Unterscheidungen und Begriffen befassen. Letztere bilden eine zentrale Komponente jeden juristischen Denkens.

[15] *Stefan Haack*, Theorie des öffentlichen Rechts, 2017, S. 11 ff.

[16] In dieselbe Richtung zielte *Georg Jellinek*, System der subjektiven öffentlichen Rechte, 2. Aufl., 1905 (Nachdruck 2011), S. 56 f.

größerem Interesse erscheint im vorliegenden Kontext, dass es in den Händen des Gesetzgebers liegt, diese Rechtsfähigkeit je nach Rechtsgebiet uneinheitlich auszugestalten und zu unterschiedlichen Zeitpunkten beginnen zu lassen – die Fähigkeit, Grundrechtsträger zu sein, weicht von der privatrechtlichen Rechtsfähigkeit ab.[17] Auf die Bedeutung dieses Umstands für den Gegenstand der vorliegenden Studie kommen wir an späterer Stelle zurück.[18] Besondere Beachtung verdient darüber hinaus ein weiterer Punkt: Rechtsträger werden nicht dadurch geschaffen, dass die rechtliche Ordnung sie zu solchen erklärt, sondern erst und ausschließlich dadurch, dass sie ihnen subjektive Rechtspositionen zuweist[19] – oder noch etwas genauer: ihr juristisches Dasein haben sie der Gegebenheit zu verdanken, dass die Rechtsordnung Ansprüche kennt, die sie gerichtlich einklagen können. Wo keine Rechte bestehen, sind sämtliche Bestimmungen über die Rechtsfähigkeit obsolet[20]; in derartigen Bereichen wären von vornherein keine Rechtssubjekte vorhanden.

2. Die Irrelevanz von Jedermannsrechten als Kategorie in der juristischen Theorie und in der Rechtspraxis

Das subjektive Recht, das dem hier vertretenen Ansatz zufolge den Kern der Rechtsdogmatik markiert, erscheint qua definitione personenbezogen. Am Anfang jeder juristischen Operation ist daher zu untersuchen, wer die in Rede stehenden Rechtspositionen geltend zu machen vermag – mit anderen Worten: jede Anspruchsgrundlage ist auf ihren persönlichen Anwendungsbereich hin zu befragen.[21] Die Summe derjenigen subjektiven Rechte, die deshalb auf einen Kreis von Rechtsträgern anwendbar sind, weil sie deren von der Rechtsordnung vorgefundenem und in Bezug genommenem Wesen entsprechen[22], lässt sich als das ‚Sonderrecht'[23] dieser Subjekte be-

---

[17] *Wolfgang Rüfner*, in: Isensee/Kirchhof (Hrsg.), Handbuch des Staatsrechts, 3. Aufl., Bd. IX, 2011, § 196 Rn. 3.

[18] Siehe dazu unten: Drittes Kapitel, II.3.

[19] Ähnlich *Georg Jellinek*, System der subjektiven öffentlichen Rechte, 2. Aufl., 1905 (Nachdruck 2011), S. 56 f.

[20] *Dieter Pfaff*, ZVglRWiss 70 (1968), 129, 168.

[21] Ähnlich *Christian Pestalozza*, „Formenmißbrauch" des Staates, 1973, S. 166 ff., 185 f.; *ders.*, DÖV 1974, 188, 189.

[22] Näheres dazu siehe unten: Drittes Kapitel, II.1.b.

[23] Vgl. zu diesem Begriff *Christian Pestalozza*, „Formenmißbrauch" des Staates, 1973, S. 176; *Detlef Schmidt*, Die Unterscheidung von privatem und öffentlichem Recht, 1985, S. 254.

greifen.[24] Objektiv-rechtliche Normen, welche diese Ansprüche ausgestalten und modifizieren, verfügen insofern über einen persönlichen Anwendungsbereich, als sie mit bestimmten Anspruchsgrundlagen in Zusammenhang stehen und mit anderen nicht. Zwar lassen sich dabei (subjektive oder objektive) Rechtsnormen denken, die für zahlreiche oder sogar sämtliche Rechtsträger gelten, jedoch ergeben sich aus dem Umfang ihres Anwendungsbereichs keine andere Qualität und kein spezieller Charakter.[25] Zugespitzt formuliert: auch Normen, die bei sämtlichen Rechtsträgern anwendbar sind, gelten für definierte Gruppen von Rechtssubjekten – ob diese die Gesamtheit der Rechtssubjekte innerhalb einer rechtlichen Ordnung ausmachen, hängt von Zufällen ab und ist juristisch belanglos. Insofern besteht kein dogmatischer Anlass, Rechtsnormen danach zu klassifizieren, für wie viele Rechtssubjekte sie gelten. Als dogmatische Kategorie ist der Begriff der „Jedermannsrechte" nicht brauchbar.

Dementsprechend lassen sich auch in der rechtlichen Praxis keine Bestimmungen finden, welche die Bezeichnung ‚Jedermannsrechte' verdienen – um dies zu erkennen, genügen einige Proben. Wo man im Verfassungsrecht von ‚Jedermannsrechten' spricht[26], ergibt sich daraus keineswegs, dass sich auch juristische Personen des Privatrechts darauf berufen können (ob dies der Fall ist, hängt vielmehr von Art. 19 Abs. 3 GG ab), um von den juristischen Personen des öffentlichen Rechts, die prinzipiell keine Träger von Grundrechten sind[27], ganz zu schweigen – der Ausdruck bezieht sich hier allein auf die Abgrenzung gegenüber den sog. Deutschengrundrechten. Bilden die Vorschriften des BGB eine Art von ‚Jedermannsrecht'?[28]

---

[24] Streng genommen kann man freilich nur dort von ‚Sonderrecht' sprechen, wo auch das Gegenteil – also allgemeines Recht – existiert; dass es so etwas als juristisch relevante Kategorie gibt, wird in dieser Studie bestritten. *Detlef Schmidt* (Die Unterscheidung von privatem und öffentlichem Recht, 1985, S. 254) lehnt es aus diesem Grund ab, im Hinblick auf das öffentliche Recht den Begriff ‚Sonderrecht' zu verwenden. Wenn wir uns im Gegensatz dazu entschlossen haben, jenen Ausdruck weiterhin zu gebrauchen, so geschieht das vor allem deshalb, weil der Begriff des Sonderrechts das Gemeinte einprägsam ausdrückt und als solcher im Kontext der Unterscheidung von öffentlichem Recht und Privatrecht fest etabliert ist.

[25] Nach *Heinrich de Wall* (Die Anwendbarkeit privatrechtlicher Vorschriften im Verwaltungsrecht, 1999, S. 59) bildet „auch das Privatrecht ein Sonderrecht, nämlich dasjenige aller Rechtssubjekte mit Ausnahme des Staates".

[26] Vgl. *Jörg Gundel*, in: Isensee/Kirchhof (Hrsg.), Handbuch des Staatsrechts, 3. Aufl., Bd. IX, 2011, § 198 Rnrn. 3 ff.

[27] *Wolfgang Rüfner*, in: Isensee/Kirchhof (Hrsg.), Handbuch des Staatsrechts, 3. Aufl., Bd. IX, 2011, § 196 Rn. 113.

[28] Nicht selten werden in pauschaler Weise sämtliche privatrechtliche Normen mit

Durch einen flüchtigen Blick auf das Familienrecht wird man eines besseren belehrt, ohne dass es einer genaueren Untersuchung bedarf: dass diese Normen nur auf eine bestimmte Kategorie von Rechtssubjekten, nämlich auf natürliche Personen, anwendbar sind, erscheint offensichtlich.[29] Lässt sich zumindest das Schuldrecht als ein ‚Jedermannsrecht' bezeichnen?[30] Die Antwort lautet: nein, weil der Gesetzgeber auch hier zwischen verschiedenen Personengruppen differenziert – zahlreiche Vorschriften gelten nur für Verbraucher; andere werden von handelsrechtlichen Normen verdrängt.[31] Selbst die allgemeinste juristische Kategorie[32], das privatrechtliche Sacheigentum, lässt sich nicht ohne eine genauere Untersuchung ihrer konkreten rechtlichen Ausgestaltung als ein Jedermannsrecht bezeichnen: die Entscheidung darüber, wer Rechtsträger von privatem Eigentum sein kann, steht ebenso im (verfassungsrechtlich gebundenen) Ermessen der Legislative wie die inhaltliche Ausgestaltung der Eigentumsrechte. So können beispielsweise Ungeborene keine Sacheigentümer im Sinne der privatrechtlichen Eigentumsbestimmungen sein[33], obgleich sie nach vorherrschender Ansicht im Hinblick auf verschiedene Grundrechte rechtsfähig sind.[34] Obgleich es sich dabei um eine geringfügige Einschränkung handelt, genügt diese doch, um die Vorstellung von einem wirklichen Jedermannsrecht zu entkräften – das Wort ‚jedermann' lässt keine Ausnahme zu. Hinzu kommt, dass es aus verfassungsrechtlicher Sicht ohne weiteres denkbar erscheint, bestimmten Körperschaften des öffentlichen Rechts die Befähigung, privates Eigentum zu erwerben, vorzuenthalten. Bei reflektierter Betrachtung läuft die juristische Redensart vom Jedermannsrecht auf eine bloße Floskel hinaus, die nur insoweit zutreffend ist, als staatliche Rechtsvorschriften

---

dem Begriff des ‚Jedermannsrechts' identifiziert; so sinngemäß *Hans-Uwe Erichsen*, Jura 1982, 537, 541; *Alfons Gern*, ZRP 1985, 56; *Walter Leisner*, JZ 2006, 869, 872; *Heinrich de Wall*, Die Anwendbarkeit privatrechtlicher Vorschriften im Verwaltungsrecht, 1999, S. 59; *Hans J. Wolff*, AöR 76 (1950/51), 205, 208, 213. Kritisch demgegenüber *Christian Pestalozza*, „Formenmißbrauch" des Staates, 1973, S. 166ff., 185f.

[29] Dass es so etwas wie ein „Sonderrecht des Individuums" gibt, klingt auch bei *Christian Pestalozza*, „Formenmißbrauch" des Staates, 1973, S. 185, an; vgl. auch *dens.*, DÖV 1974, 188, 191.

[30] Vgl. dazu *Karl Friedrichs*, Der Allgemeine Teil des Rechts, 1927, S. 18ff.

[31] Siehe dazu *Christian Pestalozza*, „Formenmißbrauch" des Staates, 1973, S. 176; *ders.*, DÖV 1974, 188, 189.

[32] Siehe dazu auch *Werner Thieme*, in: Festschrift für Hans-Ernst Folz, 2003, S. 341, 347f.

[33] *Martina Roller*, Die Rechtsfähigkeit des Nasciturus, 2013, S. 146.

[34] *Wolfgang Rüfner*, in: Isensee/Kirchhof (Hrsg.), Handbuch des Staatsrechts, 3. Aufl., Bd. IX, 2011, § 196 Rn. 8.

grundsätzlich für alle Rechtsunterworfenen gelten – dies lässt sich jedoch für sämtliche Normen des staatlichen Rechts von A wie Abgabenordnung bis Z wie Zwangsversteigerungsgesetz konstatieren.

3. Das Nichtbestehen einer unbegrenzten Rechtsfähigkeit

Genauso wie sich kein wirkliches Jedermannsrecht finden lässt, das als dogmatische Kategorie relevant ist, kann es auch keine unbegrenzte Rechtsfähigkeit geben – beides hängt miteinander zusammen. Rechtssubjekte existieren stets im Hinblick auf konkrete Rechtspositionen[35] – eine unbegrenzte, von vornherein für die gesamte Rechtsordnung wirksame Rechtsfähigkeit ist theoretisch nicht zu begründen; wenn überhaupt, wäre sie nur als ein vom Gesetzgeber angeordneter Ausnahmefall denkbar. Dies gilt auch für die Rechtssubjektivität des einzelnen Menschen, die in einer rechtsstaatlichen Ordnung umfassend gewährleistet ist, aber keineswegs lückenlos erscheint[36], wie leicht zu erkennen ist, wenn man sich das Staatsorganisationsrecht oder den Bereich der staatlichen Außenbeziehungen ansieht. Im Verhältnis der Verfassungsorgane untereinander, im föderalen Aufbau, im Kommunalverfassungsrecht und im Rechtsverkehr zwischen den Staaten tritt der einzelne – abgesehen von erklärungsbedürftigen Ausnahmen – nicht als Rechtsträger auf. Eine partielle Rechtsfähigkeit stellt daher in rechtstheoretischer Hinsicht keine Anomalie, sondern den Regelfall dar.[37] Selbst die Redeweise von einer ‚zivilrechtlichen' oder einer ‚öffentlich-rechtlichen' Teilrechtsfähigkeit[38] erweist sich bei näherem Hinsehen als inakzeptabel, da man auch innerhalb dieser Gebiete und über deren (vermeintliche) Grenzen hinweg verschiedenste Differenzierungen im Hinblick auf die Rechtsfähigkeit findet: so ist beispielsweise ein Zweckverband als rechtsfähig zu betrachten, wenn es um schuldrechtliche, sachenrechtliche oder verwaltungsrechtliche Ansprüche geht, nicht jedoch im Hinblick auf Grundrechte, Verbraucherrechte oder zwischenstaatliche

---

[35] Vgl. dazu *Joachim Burmeister*, in: Prütting (Hrsg.), Recht und Gesetz im Dialog III, 1986, S. 1, 7f.; *Georg Jellinek*, System der subjektiven öffentlichen Rechte, 2. Aufl., 1905 (Nachdruck 2011), S. 56f.

[36] Für eine umfassende Rechtsfähigkeit des Privaten: *Detlef Schmidt*, Die Unterscheidung von privatem und öffentlichem Recht, 1985, S. 131.

[37] Ähnlich *Christian Pestalozza*, „Formenmißbrauch" des Staates, 1973, S. 175 (dort in Fn. 117).

[38] So z.B. *Joachim Burmeister*, in: Prütting (Hrsg.), Recht und Gesetz im Dialog III, 1986, S. 1, 10; *Detlef Schmidt*, Die Unterscheidung von privatem und öffentlichem Recht, 1985, S. 131.

Rechte.[39] Dass die Rechtsfähigkeit einer Person quer zur Unterscheidung von öffentlichem und privatem Recht liegt[40], ist sonach ohne weiteres denkbar.[41] Und mehr noch: wie im Dritten Kapitel dieser Studie gezeigt werden soll, stellt der Ausdruck des ‚Privaten' nichts anderes als eine Sammelbezeichnung für vielfältige, sich qualitativ stark voneinander unterscheidende Formen von Rechtsfähigkeit dar.[42]

Unabhängig davon, ob man so weit gehen will, zeigen diese Fragmentierungen deutlich, dass die Rechtsordnung keine unbegrenzte Rechtsfähigkeit von Menschen, Gesellschaften oder Körperschaften des Staates kennt.[43] Genauso wenig wie es Normen gibt, die von vornherein auf sämtliche Personen anwendbar sind, existieren Personen, die sich kraft ihres Wesens auf sämtliche subjektiven Rechtspositionen berufen können, die innerhalb der rechtlichen Ordnung bestehen.[44] Die Rechtsordnung beruht auf einer Summe von Anspruchsgrundlagen mit einem limitierten persönlichen Anwendungsbereich und erscheint demzufolge auf Differenzierungen bei der Rechtsträgerschaft angelegt. Darf man es wagen zu denken, dass alles Recht aus dieser Differenzierung erwächst, die an eine vorhandene Ungleichheit anknüpft und eine rechtliche Ungleichheit schafft?

4. Die Kreation der Rechtssubjektivität und die Koordination von Sonderrechten durch die Verfassung

Auf der Ebene des Verfassungsrechts werden der Stellenwert und die wesentliche Beschaffenheit der einzelnen Kategorien von Personen mit den

[39] Zutreffend zur prinzipiell beschränkten Rechtsfähigkeit von juristischen Personen des öffentlichen Rechts: *Walter Krebs*, in: Isensee/Kirchhof (Hrsg.), Handbuch des Staatsrechts, 3. Aufl., Bd. V, 2007, § 108 Rn. 41.

[40] Wie im weiteren Verlauf der Untersuchung deutlich gemacht werden soll, lässt sich die Rechtsfähigkeit bereits deshalb nicht als öffentlich-rechtlich oder privatrechtlich qualifizieren, weil es sich dabei um rein objektiv-rechtliche Vorschriften handelt, die als solche neutral sind; siehe dazu unten: Drittes Kapitel, I.2.

[41] Im Ergebnis ähnlich: *Joachim Burmeister*, in: Prütting (Hrsg.), Recht und Gesetz im Dialog III, 1986, S. 1, 7 f.

[42] Siehe dazu unten: Drittes Kapitel, II.3.

[43] Vgl. dazu auch *Joachim Burmeister*, in: Prütting (Hrsg.), Recht und Gesetz im Dialog III, 1986, S. 1, 9 f.

[44] Vor diesem Hintergrund erscheint auch die Behauptung unhaltbar, „dass die juristische Persönlichkeit des öffentlichen Rechts die Privatrechtspersönlichkeit in sich schließe"; so jedoch *Fritz Gygi*, Verwaltungsrecht und Privatrecht, 1956, S. 26 f. (im Anschluss an die Rechtsprechung des schweizerischen Bundesgerichts); ähnlich *Arthur Loeb*, Öffentliches Recht – Privatrecht – Sozialrecht, 1930, S. 16; *Erwin Melichar*, JBl. 1948, 581.

dazugehörigen Sonderrechten festgelegt und miteinander koordiniert. Dass dem einzelnen Menschen die Qualität eines Rechtssubjekts zukommen muss, ergibt sich aus Art. 1 Abs. 1 GG[45]; die Rechtsfähigkeit von Gemeinden ist aus Art. 28 Abs. 2 GG herzuleiten[46]; dass die deutschen Bundesländer juristische Personen des öffentlichen Rechts sind, folgt aus dem Bundesstaatsprinzip – und so weiter. Diese und zahlreiche andere Fälle der Rechtssubjektivität werden durch die Verfassung geschaffen, indem sie einen Mindestbestand an entsprechenden subjektiven Rechten normiert[47]; vom Gesetzgeber verlangt die Verfassung darüber hinaus, diese Rechte auszugestalten und gegebenenfalls zu ergänzen. All dies zählt zu den zentralen Verfassungsfunktionen.

IV. Dritter Ausgangspunkt: Normativität und Recht im hoheitlichen Gewaltverhältnis

1. Die Beschaffenheit der hoheitlichen Gewalt aus juristischer Perspektive

a. Die Unmöglichkeit, das ‚Recht zu herrschen' als ein Recht im juristischen Sinne zu deuten

Die dritte Prämisse, die bei der Unterscheidung von öffentlichem Recht und Privatrecht zugrunde gelegt werden muss, betrifft das wesentliche Charakteristikum des öffentlichen Rechts (weshalb sie hier etwas breiter ausgeführt werden soll). Es handelt sich um die alte und für Ideologien anfällige[48] Diskussion darüber, in welchem Verhältnis das öffentliche Recht und die hoheitliche Gewalt zueinander stehen. Will man die Gefahr einer politischen Vereinnahmung soweit wie möglich verringern (obgleich sie sich nicht völlig ausschließen lässt), erscheint es geboten, gerade hier auf den originär juristischen Charakter der gewählten Herangehensweise zu achten.[49] Wenn dies geschieht, ergibt sich als zwingender Grundsatz, dass

---

45 *Christian Hillgruber*, in: Epping/Hillgruber (Hrsg.), BeckOK Grundgesetz, 39. Ed., 2018, Rn. 13 zu Art. 1.

46 Näher dazu *Stefan Haack*, in: Steiner/Brinktrine (Hrsg.), Besonderes Verwaltungsrecht, 9. Aufl., 2018, § 1 Rn. 22.

47 Zum Vorrang der subjektiven Rechte gegenüber der Rechtssubjektivität *Stefan Haack*, Theorie des öffentlichen Rechts, 2017, S. 11 ff. sowie oben: 1.

48 Siehe dazu auch *Hans Kelsen*, Allgemeine Staatslehre, 1925, S. 86 ff.; *ders.*, Reine Rechtslehre, 2. Aufl., 1960 (Nachdruck 1967), S. 286.

49 Dies deckt sich mit den erklärten Motiven *Hans Kelsens*, der indes von gänzlich anderen methodischen und staatstheoretischen Prämissen ausgegangen und dement-

das ‚Recht' des Hoheitsträgers zu herrschen nicht aus Rechtsnormen herrührt und somit kein Recht im juristischen Sinne sein kann.[50] Wer diesbezüglich von einem ‚Recht' spricht, sagt nichts über die geltende Rechtslage und die Legalität aus.

Der Grund hierfür lässt sich anhand dessen identifizieren, was weiter oben erklärt worden ist[51]: es gibt keine Rechtsnorm, welche das Recht eines staatlichen Hoheitsträgers, öffentliche Gewalt auszuüben, begründet und hierbei vor einem unabhängigen und übergeordneten Richter als normativer Entscheidungsmaßstab fungiert.[52] Dass sich das ‚Recht' des Staates zu herrschen nicht als ein Rechtssatz ansehen lässt, den ein staatlicher Richter anwenden kann, ist leicht zu beweisen. Die Unmöglichkeit zeigt sich bereits an dem Umstand, wie das Schicksal eines staatlichen Richters unmittelbar mit der Geltung[53] des ‚Rechts' zu herrschen verknüpft ist: indem der staatliche Richter das ‚Recht' zu herrschen als einen echten Rechtssatz begreift, gesteht er die Möglichkeit ein, dass es an den Tatbestandsvoraussetzungen dieser rechtlichen Norm fehlen könnte – anderenfalls würde es sich nicht um einen Rechtssatz, sondern um eine Tatsachenfeststellung handeln (was genau unserer Ansicht entspricht). Der staatliche Richter müsste somit bis zu seiner Entscheidung die Möglichkeit gelten lassen, selbst doch kein staatlicher Richter zu sein; er wäre bis zu seinem eigenen Urteilsspruch im Ungewissen über seine Existenz als staatlicher Richter. Er müsste zugleich Richter und kein Richter sein. Damit wäre er ungefähr in derselben Lage wie *Schrödingers* Katze vor dem Öffnen des Deckels. Wer jedoch über die

---

sprechend zu stark abweichenden Schlussfolgerungen gelangt war; vgl. *dens.*, Allgemeine Staatslehre, 1925, S. 86 ff.; Reine Rechtslehre, 2. Aufl., 1960 (Nachdruck 1967), S. 286. Siehe dazu ferner *Ludwig Schöne*, Privatrecht und Öffentliches Recht, 1955, S. 108 f.

[50] *Hans Kelsen* (Reine Rechtslehre, 2. Aufl., 1960 [Nachdruck 1967], S. 285) identifiziert „den von der traditionellen Rechtswissenschaft verabsolutierten Gegensatz von privatem und öffentlichem Recht" mit dem „Unterschied von Recht und Nichtrecht" – dies ist richtig, sofern man unter dem Begriff ‚öffentliches Recht' die Staatsmacht als solche und das sich daraus ergebende Gewaltverhältnis versteht; siehe dazu ausführlich unten: Zweites Kapitel, I.3.-4., II.-V. Vgl. ferner *Franz Bydlinski*, in: Zur Erneuerung der Struktur der Rechtsordnung, 1970, S. 130, 133; *Robert Walter*, in: Zur Erneuerung der Struktur der Rechtsordnung, 1970, S. 49, 50; *Dieter Wyduckel*, in: Krawietz/Schelsky (Hrsg.), Rechtssystem und gesellschaftliche Basis bei Hans Kelsen, 1984, S. 113, 120.

[51] Siehe dazu oben: II.

[52] Dies verkennt *Franz Bydlinski*, in: Zur Erneuerung der Struktur der Rechtsordnung, 1970, S. 130, 133.

[53] Weil das hoheitliche Gewaltverhältnis ungeachtet seines vorrechtlichen Charakters eine Art von Normativität im weiteren, nichtjuristischen Sinne hervorbringt, lässt sich – im Hinblick auf dieses selbst ebenso wie im Hinblick auf seine konkreten Äußerungen – von ‚Geltung' sprechen; vgl. dazu auch nachstehend: b. und c.

Erfüllung eines Tatbestandes nicht negativ zu entscheiden vermag, ohne damit seine eigene Existenz in Frage zu stellen, ist überhaupt kein Richter; der Ausspruch, mit dem er seine eigene Existenz als Richter negiert, wäre nämlich kein Urteil, sondern ein nullum. All diese Paradoxien zeigen: die Position des staatlichen Richters ist dem ‚Recht' des Staates zu herrschen von vornherein nicht gewachsen. Aber wer sonst könnte der Richter sein und auf dem Boden welcher Rechtsordnung sollte er stehen, um berufen zu erscheinen, über die Berechtigung der hoheitlichen Gewalt zu urteilen? Einen solchen Richter gibt es nicht und kann es nicht geben, solange man es mit souveränen Staaten zu tun hat.[54] Das ‚Recht' eines Staates, hoheitliche Gewalt auszuüben, ist somit von seinem Ursprung her kein Recht im juristischen Sinne – zu einem Gegenstand der Rechtserkenntnis wird es erst dadurch, dass (und wird es nur in jenem Umfang, wie) Abwehrrechte entgegenstehen und das hoheitliche Gewaltverhältnis der rechtlichen Nachprüfung unterwerfen.

b. Das hoheitliche Gewaltverhältnis als eine Fusion von Faktizität und Idee, die dem Maßstab der Legitimität unterliegt

Eine originär juristische Betrachtungsweise einzunehmen, heißt keineswegs, fingieren zu müssen, dass es die Rechtsordnung ist, welche das hoheitliche Gewaltverhältnis erzeugt – genausowenig wie uns die juristische Perspektive veranlasst zu glauben, die rechtliche Konstruktion der natürlichen Person bringe das menschliche Wesen hervor. Ganz im Gegenteil: wenn man die Perspektive des öffentlichen Rechts in ihrer Eigenart ernst nimmt und konsequent praktiziert, ist anzuerkennen, dass sie auf einen Gegenstand zielt, welcher der rechtlichen Ordnung vorausliegt[55] und von dem ihr bewusst ist, dass es sich um einen solchen Gegenstand handelt. Vorausliegend zu existieren heißt dabei so viel wie: unabhängig von der Rechtsordnung zu bestehen. Die Vorstellung, dass hiermit ein Vorangehen im zeitlichen Geschehensablauf gemeint sei, wäre gänzlich verfehlt. Unrichtig wäre es auch zu glauben, dass alles dem Recht Vorausliegende seiner Natur nach physisch-materiell beschaffen sein müsste: dass sich die Rechtsordnung auf die ideellen Gehalte von Dingen oder Geschehenszusammen-

---

[54] Zur theoretischen Einordnung völkerrechtlicher Organisationen und der gegebenenfalls hiermit verbundenen Gerichtsbarkeit siehe *Stefan Haack*, Verlust der Staatlichkeit, 2007, S. 67 ff.

[55] Den vorherrschenden gegenteiligen Standpunkt vertreten u. a. *Dirk Ehlers*, Verwaltung in Privatrechtsform, 1984, S. 43; *Hans-Uwe Erichsen*, Jura 1982, 537, 539; *Hermann Hill*, DVBl. 1989, 321, 322.

hängen bezieht, ist keineswegs ungewöhnlich – man denke nur an ein Rechtsgebiet wie das Urheberrecht. Im hoheitlichen Gewaltverhältnis sind Faktizität und Idee miteinander verbunden: im Kern handelt es sich um eine dem menschlichen Dasein wesenseigene Größe, die mit dem Bedürfnis zur Einrichtung einer letztmaßgeblichen, also staatlichen Ordnung einhergeht.[56] Insbesondere durch diese ideelle Komponente einer umfassenden Ordnungstiftung unterscheidet sich das hoheitliche Gewaltverhältnis von der schlichten Faktizität jener Macht, die eine Gruppe von Menschen kraft ihrer (aus der besseren Bewaffnung sich ergebenden) Überlegenheit über andere ausübt[57] – *Hans Kelsen* hat in diesem Zusammenhang die Räuberbande als Beispiel genannt.[58]

Das ‚Recht' zu herrschen bildet somit ein Problem der Legitimität und gerade kein Problem der Legalität. Zu diesem wird es erst durch die entgegenstehenden Abwehransprüche gemacht: eine staatliche Maßnahme ist als legal zu bezeichnen, wenn sie der juristischen Prüfung anhand eines entgegen gerichteten Abwehranspruchs seitens des einzelnen oder seitens eines anderen Berechtigten standhält. Demgegenüber lässt sich die staatliche Herrschaft als solche nur als legitim oder als illegitim qualifizieren – wo, wenn nicht hier, erweist sich der Sinn der Unterscheidung zwischen Legitimität und Legalität? Für das Verständnis des öffentlichen Rechts erscheint diese Differenz essentiell; sie wird ein Stück weit verdeckt, wenn man das Merkmal des öffentlichen Rechts in einer rechtlich vermittelten ‚Befugnis' des Staates zur Gewaltanwendung erblickt.[59] Von einem juristischen Standpunkt her ist die ‚Befugnis' der Staatsgewalt, hoheitlich zu agieren, etwas wesentlich anderes als die Legalität dieses Handelns anhand des Maßstabs entgegengerichteten Rechts.

---

[56] Es war ein folgenreicher Grundirrtum von *Hans Kelsen* zu glauben, der Staat und die von ihm ausgeübte Gewalt könnten nur „Recht" oder „Naturrealität" sein (Allgemeine Staatslehre, 1925, S. 91). Wie wir bereits an anderer Stelle dargelegt haben (Der Staat 51 [2012], 57, 62, 65 f.), zeigt sich bei *Hans Kelsen* eine bemerkenswerte Dürftigkeit an Vorstellungen und Begriffen von dem, was als ideelle Realität in der Welt des Politischen existiert.

[57] Aufgrund ihrer normativ-ideellen Basis ist die staatliche Herrschaft mehr als bloß ein soziologischer Tatbestand (unter vielen) – so jedoch *Erwin Melichar*, JBl. 1948, 525, 526.

[58] Allgemeine Theorie der Normen, 1979 (Nachdruck 1990), S. 21.

[59] So jedoch *Dieter Grimm*, Das Öffentliche Recht vor der Frage nach seiner Identität, 2012, S. 64.

c. Das ‚Recht zu herrschen' als politisch willkommene façon de parler

Wer in der Vergangenheit von einem ‚Recht zu herrschen' gesprochen hat und dies in einem juristischen Sinn aufgefasst wissen wollte, verwendete eine façon de parler, die beiden Seiten eines hoheitlichen Gewaltverhältnisses willkommen erscheinen musste: dem Inhaber der herrschaftlichen Gewalt, weil sie eine rechtliche Basis für deren Ausübung suggeriert hat, und dem der Herrschaftsgewalt Unterworfenen, weil es so aussah, als habe sein Verhältnis zum Staat hiermit den Charakter einer echten Rechtsbeziehung gewonnen.[60] Während die einen von einer juristischen Qualität des ‚Rechts zu herrschen' sprachen, um hierdurch Beschränkungen der Freiheit leichter zu rechtfertigen, begrüßten die anderen dieselbe Vorstellung als Konsequenz und Sicherung ihrer Freiheit. Es erleichtert die Ausübung hoheitlicher Gewalt, wenn man diese als rechtlich legitimiert und somit als legal definiert; umgekehrt erleichtert es auch den Kampf gegen diese Gewalt, wenn man von vornherein davon ausgehen darf, dass sie durch das Recht begründet und definiert ist – über den Inhalt von Rechten lässt sich bekanntlich gut streiten. Bis heute erscheint der Gedanke, dass die staatliche Gewalt eine vom Recht unabhängige Größe darstellt, beiden Seiten des hoheitlichen Gewaltverhältnisses unbequem und verdächtig.[61] Gleichwohl sollte die Wissenschaft vom öffentlichen Recht davon absehen, dem Wunschdenken der einen oder der anderen oder gar beider Seiten zu folgen – auf dem Spiel stehen die Klarheit des Rechtsbegriffs und die Belastbarkeit der Dogmatik im Bereich der öffentlichen Verwaltung. Anders als die Vorstellung vom juristischen Wesen der hoheitlichen Gewalt sind die Existenz der politischen Einheit und das daraus sich ergebende Gewaltverhältnis keine Ideologie, sondern Realität – wir erblicken darin die Realität der Ideen und des Geistes in der politischen Sphäre, die das juristische Denken anerkennen und aufnehmen muss.[62]

2. Bindung und Beschränkung der hoheitlichen Gewalt durch das Recht als das Merkmal des Rechtsstaats

Das Subordinationsverhältnis, das zwischen Staat und Bürger besteht, kann nach dem, was bislang gesagt worden ist, nicht die Rechtsfolge von öffentlich-rechtlichen Vorschriften bilden[63] – gerade umgekehrt besteht die

---

[60] Siehe dazu auch unten: Zweites Kapitel, I.3.

[61] Siehe dazu unten: Zweites Kapitel, V.

[62] Näher dazu *Stefan Haack*, Verlust der Staatlichkeit, 2007, S. 486.

[63] So jedoch die ganz herrschende Ansicht; siehe statt vieler *Hermann Hill*,

Funktion und die Eigenart des öffentlichen Rechts darin, das vorausliegende Gewaltverhältnis rechtlichen Bindungen zu unterwerfen. Die umfassende Beschränkung der hoheitlichen Gewalt durch gesetzliche Bindungen unterscheidet den Rechtsstaat von anderen Staaten.[64] Es ist insofern nicht falsch zu erklären, dass in einem Rechtsstaat nur ein solches Maß an Über- und Unterordnung besteht, wie die Verfassung und das verfassungskonform zustande gekommene einfachgesetzliche Recht statuieren – doch muss man sich dabei vor Missverständnissen hüten. Dass die Verfassung das Subordinationsverhältnis gestaltet und somit die Ausübung der Staatsgewalt regelt, heißt gerade nicht, dass sie diese hervorbringt. Im Rechtsstaat lässt die Verfassung die Subordination gegenüber der Freiheit in den Hintergrund treten; dementsprechend handelt es sich um eine besonders intensive Reglementierung der Hoheitsgewalt durch das Recht – nicht jedoch um deren sparsame Etablierung.

Indem das öffentliche Recht das Gewaltverhältnis verrechtlicht, ist es terminologisch von diesem zu unterscheiden. Die Begriffe ‚hoheitlich' und ‚öffentlich-rechtlich' dürfen daher (auch in einem Rechtsstaat) nicht gleichgesetzt werden.[65] Der Ausdruck ‚hoheitlich' bezeichnet die Überordnung des Staates; von ‚öffentlich-rechtlich' ist demgegenüber zu sprechen, wenn die Verrechtlichung dieser Beziehung gemeint ist.[66] Zu welchen (ebenso bizarren wie bedenklichen) Konsequenzen eine Gleichsetzung von öffentlichem Recht und Hoheitsgewalt führen muss, illustriert eine Passage aus dem Werk des Schweizer Staatsrechtlers *Walther Burckhardt*, in der er den Sklaven attestierte, „recht intensiv an der Rechtsgemeinschaft" teilzunehmen[67], soweit ihnen seitens des Staates durch Befehl Pflichten auferlegt werden. Diese Lehre, die in den Ohren eines Sklaven wie Hohn klingen muss, macht die Konsequenzen einer falschen Gleichsetzung von öffentlichem Recht und hoheitlicher Gewalt augenfällig: bei einer solchen Betrachtungsweise verwandelt sich die schwerste Entrechtung zu einer umfassenden Integration in die rechtliche Ordnung; der Insasse eines Konzentrationslagers wird zum Mitglied in der Rechtsgemeinschaft; die Gewaltherrschaft

DVBl. 1989, 321, 322; aus der älteren Literatur *Hans Nawiasky*, Allgemeine Rechtslehre, 2. Aufl., 1948, S. 286.

[64] *Robert Walter*, in: Zur Erneuerung der Struktur der Rechtsordnung, 1970, S. 49, 50.

[65] Viele sehen den Begriff ‚öffentlich-rechtlich' gegenüber dem Begriff ‚hoheitlich' als weitergehend bzw. als eine Art Oberbegriff an, so z. B. *Hermann Hill*, DVBl. 1989, 321.

[66] Vgl. dazu auch *Hans Kelsen*, Reine Rechtslehre, 2. Aufl., 1960 (Nachdruck 1967), S. 284.

[67] Methode und System des Rechts, 1936 (Nachdruck 1971), S. 200 f.

entpuppt sich als Rechtsstaat. Eine staatsrechtliche Lehre, der es vorgeblich um begriffliche Klärungen ging, mutiert zum blanken Zynismus.

3. Die rechtliche Beschaffenheit von einseitigen staatlichen Maßnahmen gegenüber Privaten: zum Unterschied von Verwaltungsakt und Befehl

An dieser Stelle lohnt es sich, das Augenmerk auf zwei weitere Begriffe zu richten: die Begriffe des Verwaltungsakts und des Befehls. Wenn in juristischen Zusammenhängen von Befehlen die Rede ist, können damit verschiedene Dinge gemeint sein. In der rechtstheoretischen Literatur wird der Begriff des Befehls häufig mit jenem Imperativ gleichgesetzt, der Sinn einer bestimmten Rechtsvorschrift ist[68] – ‚Befehl' heißt hier so viel wie ‚Gebot'. Als ergiebiger erweist sich in unserem Kontext die Verwendung des Ausdrucks ‚Befehl' bei *Hans Kelsen*: als ‚Befehl' bezeichnet der Begründer der Wiener rechtstheoretischen Schule eine den einzelnen verpflichtende Willensäußerung einer Behörde, zu der die Rechtsordnung sie ermächtigt.[69] In seiner „Allgemeinen Theorie der Normen" räumt *Kelsen* ein, dass der Begriff ‚Befehl' auch Imperative ohne Rechtsqualitäten umfasst – als Beispiel hierfür führt er die Aufforderung eines Straßenräubers zur Herausgabe von Wertsachen an.[70] An diese beiden von *Kelsen* aufgezeigten Aspekte des Ausdrucks ‚Befehl': die verpflichtende Willensäußerung einer Behörde und die Möglichkeit, ihn auch auf Imperative ohne Rechtsqualität zu beziehen, schließen sich die hiesigen Überlegungen an; sie weichen insofern von *Kelsen* ab, als dieser meinte, dass der verpflichtenden Willensäußerung einer Behörde per se Rechtsqualität zukommen muss. Sowohl die in der Rechtstheorie geläufige Gleichsetzung von ‚Gebot' und ‚Befehl' als auch der Gebrauch des Begriffs ‚Befehl' bei *Hans Kelsen* vermindern die sich bietende Chance, den Ausdruck ‚Befehl' als einen Terminus technicus zur Kennzeichnung von Maßnahmen der (unabhängig vom Recht bestehenden) Hoheitsgewalt zu gebrauchen: will man dem Begriff des Befehls einen spezifisch juristischen Sinn zuteil werden lassen, der mehr zu leisten vermag als die alltagssprachliche Gleichsetzung von ‚Befehl' und ‚Imperativ', so kann sich dieser nur auf die Unterscheidung von Maßnahmen des allgemeinen Gewaltverhältnisses[71] in seinem originären und in seinem ver-

---

[68] Vgl. *Friedrich Müller/Ralph Christensen*, Juristische Methodik, Bd. I, 11. Aufl., 2013, Rn. 232 („Rechtsbefehl").

[69] Reine Rechtslehre, 2. Aufl., 1960 (Nachdruck 1967), S. 284 f.

[70] Allgemeine Theorie der Normen, 1979 (Nachdruck 1990), S. 21.

[71] Siehe dazu *Stefan Haack*, Theorie des öffentlichen Rechts, 2017, S. 70 ff. m. w. N.

rechtlichten Zustand beziehen. Befehle ergehen danach in reinen Subordinationsverhältnissen[72]; zu Rechtsakten werden sie erst und ausschließlich dadurch, dass eine justitielle Kontrolle anhand subjektiver Rechtspositionen hinzukommt[73], die seitens des Befehlsempfängers initiiert werden kann.[74] In demjenigen Umfang, wie dieses der Fall ist, verlieren entsprechende Maßnahmen den Charakter eines Befehls und werden zu dem, was man in einem rechtsstaatlichen System unter dem Begriff des ‚Verwaltungsakts' kennt. Militärdienst und Beamtenverhältnis lassen diese Differenzierung sowohl in ihrer historischen Entwicklung als auch in der Bandbreite ihrer Gestaltungsmöglichkeiten erkennen. Verwaltungsakte besitzen folglich gerade deshalb Rechtsqualität, weil man es in einem Rechtsstaat mit einer umfassenden Verrechtlichung der Staat-Bürger-Beziehung zu tun hat: aus dem rechtsstaatlichen Grundsatz vom Vorbehalt des Gesetzes ergibt sich, dass der Staat ohne gesetzliche Grundlage keine Verwaltungsakte erlassen darf, die in das Eigentum oder die grundrechtlich geschützten Freiheiten des Privaten eingreifen (Art. 20 Abs. 3 GG).[75] Darüber hinaus garantiert eine rechtsstaatliche Verfassung effektiven Rechtsschutz, sofern jemand durch die öffentliche Gewalt in seinen Rechten verletzt worden ist (Art. 19 Abs. 4 GG).[76] In einem Rechtsstaat artikuliert sich das hoheitliche Gewaltverhältnis somit durch die Handlungsform des Verwaltungsakts[77], den der Betroffene gerichtlich anfechten kann, wenn er der Auffassung ist, dass dieser rechtswidrig sei und ihn in seinen Rechten verletze.

---

[72] *Otto Mayer*, Deutsches Verwaltungsrecht, 3. Aufl., Erster Band, 1924 (Nachdruck 1969), S. 114.

[73] Auf die Unstimmigkeiten, die sich ergeben, wenn man den vorrechtlichen Charakter des staatlichen Befehls annehmen und ihm zugleich Rechtsqualität zusprechen will, hat bereits *Hans Kelsen* (Allgemeine Staatslehre, 1925, S. 88 f.) hingewiesen.

[74] Insofern liegt – entgegen der herrschenden Ansicht – auch dem Verwaltungsakt ein vorrechtliches Über- und Unterordnungsverhältnis zugrunde. A. A. *Hermann Hill*, DVBl. 1989, 321, 322.

[75] *Christoph Degenhart*, Staatsrecht I. Staatsorganisationsrecht, 34. Aufl., 2018, Rn. 314.

[76] Siehe dazu *Christoph Degenhart*, Staatsrecht I. Staatsorganisationsrecht, 34. Aufl., 2018, Rnrn. 440 ff.

[77] Zum Problem der Verwaltungsaktbefugnis siehe unten: Drittes Kapitel, II.2.b. und c.

Zweites Kapitel

Rechtshistorische Scheidemomente

„Der Charakter einer Rechtsordnung drückt sich durch nichts so deutlich aus wie durch das Verhältnis, in das sie öffentliches und privates Recht zueinander stellt, und durch die Weise, wie sie die Rechtsverhältnisse zwischen Privatrecht und öffentlichem Recht aufteilt."
(*Gustav Radbruch*, Rechtsphilosophie, 1932)

I. Die Entstehung des Staates als Vorgang der Dejuridifizierung

1. Die Herrschaftsordnung des europäischen Mittelalters: persönliche Schutz- und Treuebeziehungen in der Gestalt von Gefolgschaft und Lehnswesen als Rechtsverhältnisse

Es lohnt sich für das Erkenntnisziel unserer Studie, ausgehend von den zuvor erörterten rechtstheoretischen Prämissen verschiedene historische Konstellationen auf die Differenzierung von öffentlichem Recht und Privatrecht hin zu untersuchen.[78] Die Herausbildung dieser Unterscheidung wird üblicherweise mit der Entstehung des modernen Territorialstaats in Verbindung gebracht.[79] Daran ist zunächst einmal richtig, dass dem Mittelalter die heutige Dichotomie von privatem und öffentlichem Recht unbe-

[78] Zu diesem Thema existiert eine größere Anzahl von ausführlichen Studien; siehe insbesondere *Martin Bullinger*, Öffentliches Recht und Privatrecht, 1968, S. 13 ff.; *Dirk Ehlers*, Verwaltung in Privatrechtsform, 1984, S. 30 ff.; *Dieter Grimm*, Recht und Staat der bürgerlichen Gesellschaft, 1987, S. 84 ff.; *ders.*, Das Öffentliche Recht vor der Frage nach seiner Identität, 2012, S. 5 ff.; *Hasso Hofmann*, Der Staat 57 (2018), 5; *Bernhard Kempen*, Die Formenwahlfreiheit der Verwaltung, 1989, S. 5 ff.; *Ludwig Schöne*, Privatrecht und Öffentliches Recht, 1955, S. 1 ff.; *Jan Schröder*, in: Festschrift für Joachim Gernhuber, 1993, S. 961; *Michael Stolleis*, in: Hoffmann-Riem/Schmidt-Aßmann (Hrsg.), Öffentliches Recht und Privatrecht als wechselseitige Auffangordnungen, 1997, S. 41; *Heinrich de Wall*, Die Anwendbarkeit privatrechtlicher Vorschriften im Verwaltungsrecht, 1999, S. 7 ff.

[79] Vgl. statt vieler *Dieter Grimm*, Das Öffentliche Recht vor der Frage nach seiner Identität, 2012, S. 12, 28 f.; *Michael Stolleis*, in: Hoffmann-Riem/Schmidt-Aßmann (Hrsg.), Öffentliches Recht und Privatrecht als wechselseitige Auffangordnungen, 1997, S. 41; kritisch dazu *Hasso Hofmann*, Der Staat 57 (2018), 5, 31.

kannt war.[80] Das Konzept des Territorialstaats blieb ihm ebenso fremd wie die Vorstellung von einem umfassenden Herrschaftsverhältnis zwischen dem Souverän und seinem Volk.[81] Damit fehlte es an den grundlegenden Voraussetzungen für jene Art von Normativität, die heutzutage mit dem Begriff des öffentlichen Rechts gekennzeichnet wird. Nichtsdestoweniger ist das Mittelalter eine Zeit der konsequenten Verrechtlichung der politischen Ordnung gewesen – die personalen Schutz- und Treuebeziehungen, auf denen sein soziales Gefüge beruhte, waren Rechtsverhältnisse im vollen Sinn dieses Ausdrucks: sie bestanden aus Rechten und Pflichten, die Gegenstand der richterlichen Entscheidung sein konnten.[82] Dies gilt für die Gefolgschaft[83] der fränkischen Zeit ebenso wie für das Lehnswesen[84] des Hochmittelalters. Insbesondere wäre es falsch, das fehlende Gewaltmonopol und die Praxis der Fehde für unvereinbar mit der Verrechtlichung der sozialen und der politischen Ordnung zu halten[85] – ganz im Gegenteil ist zu bemerken, dass die Befugnis zur Ausübung von Gewalt in der Gestalt der Fehde der Rechtsdurchsetzung gedient hat[86]; auch war sie ihrerseits an strenge rechtliche Bedingungen und Formen gebunden.[87] Die mittelalterlichen Herrschaftsverhältnisse gestalteten sich somit als rechtlich definiert und personenbezogen. Ihre Rechtsqualität beruhte nicht allein darauf, dass sie rechtlichen Bindungen unterworfen waren und nur im Rahmen der Rechtsordnung ausgeübt durften; sie betraf das Vorhandensein des Herr-

[80] *Dirk Ehlers*, Verwaltung in Privatrechtsform, 1984, S. 31; *Bernhard Kempen*, Die Formenwahlfreiheit der Verwaltung, 1989, S. 7; *Herbert Krüger*, Allgemeine Staatslehre, 2. Aufl., 1966, S. 319; *Ludwig Schöne*, Privatrecht und Öffentliches Recht, 1955, S. 15; *Michael Stolleis*, in: Hoffmann-Riem/Schmidt-Aßmann (Hrsg.), Öffentliches Recht und Privatrecht als wechselseitige Auffangordnungen, 1997, S. 41, 47.

[81] *Dirk Ehlers*, Verwaltung in Privatrechtsform, 1984, S. 31; ein differenzierteres Bild zeichnet *Dieter Wyduckel*, Ius Publicum, 1984, S. 27 ff.

[82] *Dirk Ehlers*, Verwaltung in Privatrechtsform, 1984, S. 31; *Bernhard Kempen*, Die Formenwahlfreiheit der Verwaltung, 1989, S. 7; vgl. dazu auch *Michael Stolleis*, in: Hoffmann-Riem/Schmidt-Aßmann (Hrsg.), Öffentliches Recht und Privatrecht als wechselseitige Auffangordnungen, 1997, S. 41, 48.

[83] *Heinrich Mitteis*, Der Staat des hohen Mittelalters, 11. Aufl., 1986, S. 102.

[84] *Oliver Auge*, in: Cordes/Haferkamp/Lück/Werkmüller/Bertelsmeier-Kierst (Hrsg.), Handwörterbuch zur deutschen Rechtsgeschichte, 2. Aufl., Bd. III, 2016, Sp. 717 ff.; *Ulrich Eisenhardt*, Deutsche Rechtsgeschichte, 6. Aufl., 2013, Rnrn. 22 ff.

[85] *Ulrich Eisenhardt*, Deutsche Rechtsgeschichte, 6. Aufl., 2013, Rn. 425; *Uwe Wesel*, Geschichte des Rechts, 4. Aufl., 2014, Rn. 207.

[86] *Ulrich Eisenhardt*, Deutsche Rechtsgeschichte, 6. Aufl., 2013, Rn. 425; *Uwe Wesel*, Geschichte des Rechts, 4. Aufl., 2014, Rn. 207.

[87] Dazu ausführlich *Otto Brunner*, Land und Herrschaft, 5. Aufl., 1965 (Nachdruck 1990), S. 41 ff.

schaftsrechts selbst: überall dort, wo Herrschaftsbeziehungen existierten, gingen diese aus einzelnen rechtlichen Titeln hervor.[88]

2. Der Wandel der Herrschaftsstrukturen bei der Entwicklung des Territorialstaats

Als sich ab dem 16. Jahrhundert der moderne Territorialstaat herausbildete[89], wurde mit der mittelalterlichen Rechtsordnung selbst auch die Vorstellung über die juristische Beschaffenheit der Herrschaftsbeziehung erschüttert. Es handelte sich dabei um einen schleppenden und ungleichmäßigen Vorgang, der nicht selten widersprüchlich verlief.[90] Ihn nachzuzeichnen, besteht in dieser Studie kein Anlass. Für unsere Zwecke genügt es zu untersuchen, worin jener Bruch im Hinblick auf das Verständnis der Herrschaft – oder genauer: im Hinblick auf deren rechtliche Beschaffenheit und Struktur – lag, der dem öffentlichen Recht (oder dem, was man zunächst so genannt hat) den Weg ebnen sollte. Hierbei sind verschiedene, miteinander zusammenhängende Faktoren entscheidend: der Landesherr gelangte in die Position, die Rechte und Pflichten seiner Untertanen einseitig zu statuieren[91], während deren Möglichkeiten, entsprechende Anordnungen des Landesherrn vor Gericht anzugreifen, immer weiter zurückgedrängt wurden. Soweit es eine Gerichtsbarkeit gab, die über dem Landesherrn stand (insbesondere in der Gestalt des Reichshofrats und des Reichskammergerichts[92]), wurden deren Befugnisse im Hinblick auf das Verhältnis des Landesherrn zu seinen Untertanen durch das privilegium de non appellando auf ein Minimum reduziert.[93] Demgegenüber konnte die Gerichtsbarkeit im Inneren des Staates nicht über die Rechtmäßigkeit einer Herrschaftsgewalt (in ihrer Gesamtheit) befinden, auf der ihr eigenes Dasein beruhte.[94] Kurzum: im Konzept der souveränen Herrschaft, das sich im 16. Jahrhundert herausbildete, blieb für die Vorstellung eines übergeordneten und un-

---

[88] *Marcel Senn*, Rechtsgeschichte – ein kulturhistorischer Grundriss, 4. Aufl., 2007, S. 79.

[89] Zusammenfassend dazu *Uwe Wesel*, Geschichte des Rechts, 4. Aufl., 2014, Rn. 243.

[90] Zu gegenläufigen Tendenzen einer stärkeren Verrechtlichung im 16. Jahrhundert siehe *Martin Bullinger*, Öffentliches Recht und Privatrecht, 1968, S. 21 f.; vgl. dazu ferner *Ewald Wiederin*, in: Grimm, Das Öffentliche Recht vor der Frage nach seiner Identität, 2012, S. 91, 94.

[91] *Hasso Hofmann*, Der Staat 57 (2018), 5, 24 f.

[92] Vgl. dazu *Susanne Hähnchen*, Rechtsgeschichte, 5. Aufl., 2016, Rnrn. 402 ff.

[93] *Susanne Hähnchen*, Rechtsgeschichte, 5. Aufl., 2016, Rn. 405; *Uwe Wesel*, Geschichte des Rechts, 4. Aufl., 2014, Rn. 250.

[94] Siehe oben: Erstes Kapitel, IV.1.a.

abhängigen Richters, der über das Bestehen der Subordination zu urteilen hat, bei konsequenter Betrachtungsweise kein Platz.

Hierdurch änderte sich die normative Qualität der Beziehung von Landesherrn und Untertanen, die zunehmend als eine Beziehung zwischen Staat und Privaten aufgefasst worden ist, in fundamentaler Weise. Aus einem Rechtsverhältnis zwischen konkreten Personen entwickelte sich ein normatives Verhältnis sui generis, das theologische Züge trägt und auf säkularisierten theologischen Begriffen beruht[95], solange man es mit dem Staat als einer souveränen politischen Einheit zu tun hat. Einzig die Theologie kennt eine vergleichbare Erscheinung: eine Normativität, welche auf die Bindung des Menschen an etwas über ihm Existierendes und ihn Umfassendes zielt, aus der sich unbedingte (sprich: vor keinem Gericht anzufechtende) Verhaltenspflichten ergeben. Hierin liegt eine bleibende Einsicht der „Politischen Theologie" von *Carl Schmitt*. Die politischen Theoretiker der frühen Neuzeit übertrugen die Denkmuster und Argumentationsfiguren der Theologie auf die entstehende staatliche Herrschaft und schalteten damit das überkommene Recht aus. Ihre theologisch inspirierte Dejuridifizierung der Beziehung des einzelnen zum Herrscher bzw. zur politischen Einheit des Staates macht (bis in die Gegenwart) den Kerngedanken des neuzeitlichen Souveränitätsbegriffs aus – die berühmte Formulierung von *Thomas Hobbes*, der den Staat einen sterblichen Gott genannt hat[96], stellt sich daher nur unter rhetorischen Aspekten, nicht jedoch im Hinblick auf die Sache selbst als überholt dar.

Die Konsequenzen dieses Souveränitätspostulats und der damit verbundenen Dejuridifizierung betrafen nicht allein die rechtlichen Beschränkungen der hoheitlichen Gewalt, die damit entfallen waren, sondern auch deren Errichtung: folgerichtig zu Ende gedacht, ließ sich die hoheitliche Gewalt gerade nicht mehr juristisch rechtfertigen. Der Begriff der Souveränität, der (nach Vorstellung derer, die ihn angebracht und prominent gemacht hatten) eben dies leisten sollte[97], war auf eine der rechtlichen Beurteilung unzugängliche Größe: nämlich die Herrschaft als solche, bezogen und blieb somit seinem Wesen zufolge – zumindest in diesem Zusammenhang[98] – ein Begriff der politischen Theologie. Es wurde möglich und nötig,

---

95 *Carl Schmitt*, Politische Theologie, 7. Aufl., 1996, S. 43.

96 Leviathan, 17. Kapitel.

97 *Leo Strauss*, Naturrecht und Geschichte, 1956, S. 197; siehe dazu auch *Thomas Vesting*, Staatstheorie, 2018, Rn. 144.

98 Zu den verschiedenen Verwendungsweisen des Begriffs Souveränität siehe *Stefan Haack*, Verlust der Staatlichkeit, 2007, S. 96 ff. (mit zahlreichen Nachweisen).

die Legitimität der Hoheitsgewalt von der Legalität ihrer Ausübung zu unterscheiden – nur letztere fällt in die Zuständigkeit der Juristen.[99] Die bisweilen anzutreffende Redensart, Souveränität sei ein Grenzbegriff der Staatsrechtswissenschaft[100], lädt insofern zu Missverständnissen ein und erweist sich damit ihrerseits als ein Grenzfall: richtigerweise beginnt die Souveränität erst hinter den Grenzen des Rechts. Wer dies (egal aus welchem Grund) übersieht und die Souveränität der Staatsgewalt zu einer rechtlichen Größe erklärt, schadet dadurch nicht etwa der Souveränität, sondern dem Recht – dies sollen die folgenden Abschnitte zeigen.

3. Zur Bedeutung von ius eminens und ius politiae bei der Begründung der Herrschaft im Territorialstaat der frühen Neuzeit

All dies sollte die politischen Kräfte nicht daran hindern, die hergebrachten juristischen Formen und Formeln weiterhin zu gebrauchen, solange sich diese als nützlich erwiesen. Wo sie hinderlich wurden, ließen sie sich Schritt für Schritt reduzieren. Je entschiedener dies erfolgte, desto klarer trat das hoheitliche Gewaltverhältnis hervor. Deutlich wird dieser Vorgang insbesondere an zwei Begriffen, die bei der Entwicklung des Unterschieds von öffentlichem und privatem Recht eine beachtliche Rolle gespielt haben – gemeint sind die Begriffe des ‚ius eminens' und des ‚ius politiae'. Mit dem als ‚ius eminens' bezeichneten Titel war zunächst die hoheitliche Eingriffsbefugnis gemeint. Es gestattete der landesherrlichen Gewalt, aus Gründen des öffentlichen Wohls im Ausnahmefall Zwang auszuüben.[101] Das ius eminens lässt sich insofern gerade nicht als umfassendes Gewaltverhältnis begreifen; den eigentlichen Ausdruck der hoheitlichen Gewalt bildete erst das (im Absolutismus an Bedeutung gewinnende) ius politiae.[102] Die Grenze des ius eminens bzw. des ius politiae bildeten die iura quaesita, die wohlerworbenen Rechte.[103] Während die unjuristische Natur des hoheitlichen Gewaltverhältnisses trotz seiner Etikettierung als ius politiae oder als öffentliches

---

[99] Siehe dazu oben: Erstes Kapitel, IV.1.b.

[100] *Carl Schmitt*, Politische Theologie, 7. Aufl., 1996, S. 13; *Burkhard Schöbener/Matthias Knauff*, Allgemeine Staatslehre, 4. Aufl., 2019, § 3 Rn. 53.

[101] *Dirk Ehlers*, Verwaltung in Privatrechtsform, 1994, S. 32; *Bernhard Kempen*, Die Formenwahlfreiheit der Verwaltung, 1989, S. 9; vgl. auch *Ludwig Schöne*, Privatrecht und Öffentliches Recht, 1955, S. 19.

[102] *Bernhard Kempen*, Die Formenwahlfreiheit der Verwaltung, 1989, S. 9 f.; *Ludwig Schöne*, Privatrecht und Öffentliches Recht, 1955, S. 19.

[103] *Dieter Grimm*, Recht und Staat der bürgerlichen Gesellschaft, 1987, S. 86 f.; *Bernhard Kempen*, Die Formenwahlfreiheit der Verwaltung, 1989, S. 9.

Recht im absolutistischen Staat immer klarer hervortrat, bestanden diese Rechte als Überreste jener ursprünglichen Verrechtlichung der Beziehungen zwischen Herrscher und Untertan fort[104]: noch im 17. Jahrhundert konnte eine Hoheitssache, wie zum Beispiel der Streit über die Rechtsfolgen aus einer Polizeiverordnung[105], zur Justizsache werden, wenn der Betroffene ein entgegenstehendes wohlerworbenes Recht geltend machte.[106] Von dieser Seite her war die hoheitliche Gewalt auch im Absolutismus in einem gewissen Umfang verrechtlicht, doch nahm das Maß dieser Verrechtlichung stetig ab.[107]

Das Verständnis der hoheitlichen Gewalt als ius wurde den Rechtswissenschaften bei der Herausbildung des modernen Territorialstaats zu einem folgenschweren Verhängnis – dies insbesondere im Hinblick auf die Theorie des öffentlichen Rechts, wie sie sich seither etabliert hat. Indem man das ius politiae, mit dem das Recht zu herrschen gemeint war, als ein echtes ius qualifiziert hat, wurden juristisch geprägte (und demzufolge vertraut anmutende) Begrifflichkeiten in einen Bereich übertragen, wo sie weder dem überkommenen Rechtsbegriff des Mittelalters[108] noch irgendeinem anderen anspruchsvollen Rechtsverständnis zu genügen vermochten.[109] Man hat gemeint und behauptet, die traditionelle Vorstellung des Rechts zu bewahren, während man im Begriff war, sie zu ruinieren, ohne etwas Besseres an ihre Stelle zu setzen – letzteres ist erst dem modernen Rechtsstaat gelungen. Die Entwicklung der Theorie vom öffentlichen Recht

---

[104] *Martin Bullinger*, Öffentliches Recht und Privatrecht, 1968, S. 29; *Dirk Ehlers*, Verwaltung in Privatrechtsform, 1984, S. 32; *Ludwig Schöne*, Privatrecht und Öffentliches Recht, 1955, S. 19 f.; siehe dazu ferner *Heinrich de Wall*, Die Anwendbarkeit privatrechtlicher Vorschriften im Verwaltungsrecht, 1999, S. 12.

[105] Zur damaligen Bedeutung von Polizeiverordnungen siehe *Martin Bullinger*, Öffentliches Recht und Privatrecht, 1968, S. 25 (m. w. N.).

[106] *Martin Bullinger*, Öffentliches Recht und Privatrecht, 1968, S. 29 (dort insbesondere in Fn. 105).

[107] *Dirk Ehlers*, Verwaltung in Privatrechtsform, 1984, S. 32 f.; *Zaccaria Giacometti*, Über die Grenzziehung zwischen Zivilrechts- und Verwaltungsrechtsinstituten in der Judikatur des schweizerischen Bundesgerichts, 1924, S. 2; *Dieter Grimm*, Recht und Staat der bürgerlichen Gesellschaft, 1987, S. 87 (siehe dort auch auf S. 91 zu einer zeitweilig gegenläufigen Tendenz); *Ludwig Schöne*, Privatrecht und Öffentliches Recht, 1955, S. 19.

[108] Vgl. dazu auch *Bernhard Kempen*, Die Formenwahlfreiheit der Verwaltung, 1989, S. 10.

[109] Dementsprechend gab es auch damals Juristen, welche die Rechtsqualität von Normen, in denen sich das Subordinationsverhältnis manifestierte, in Zweifel gezogen haben; vgl. dazu *Hasso Hofmann*, Der Staat 57 (2018), 5, 22 (m. w. N.); *Ewald Wiederin*, in: Grimm, Das Öffentliche Recht vor der Frage nach seiner Identität, 2012, S. 91, 94.

wurde von Beginn an bis heute durch die Bemühung belastet und hintertrieben, der reinen Hoheitsgewalt das Gütesiegel des Rechts zu verschaffen. Ein Blick auf die Entstehungsgeschichte des öffentlichen Rechts bestätigt den zutreffenden Kern jenes Diktums von *Carl Schmitt*[110], welches lautet: wer ‚Recht' sagt, will betrügen; wer ‚Macht' sagt, will enthüllen. Die Konsequenzen, die aus einem solchem Fehlgebrauch des Rechtsbegriffs folgen, sind heute noch vielfach zu spüren – sie bilden den Gegenstand unserer Schriften zur Theorie des öffentlichen Rechts.

4. Die Rechtsqualität der Herrschaftsbeziehung in der Lehre vom Gesellschaftsvertrag und in der Vorstellungswelt des Naturrechts

Je klarer die Eigenart des hoheitlichen Gewaltverhältnisses hervortrat[111], desto schwieriger gestaltete sich die Behauptung, dass sich diese Art von Normativität tatsächlich als ‚Recht' ansehen lässt. Den Juristen, die mehrheitlich diesen Standpunkt vertraten, kamen dabei die Lehre vom Gesellschaftsvertrag und das Naturrecht zur Hilfe. Was uns im hiesigen Kontext zu interessieren hat, ist weniger die Intention und die Eignung dieser beiden Lehrgebäude zur Legimitierung der Herrschaft im absolutistischen Staat, als vielmehr ihre Tendenz, der hoheitlichen Gewalt die Qualität des Rechts zuzuschreiben. Indem die Lehre vom Gesellschaftsvertrag das hoheitliche Gewaltverhältnis auf eine Vereinbarung von (einander ebenbürtigen) Menschen zurückführt, gibt sie vor, das Gewaltverhältnis gründe sich auf einen Rechtsakt.[112] Es erscheint hiernach naheliegend, wenn nicht sogar zwingend, auch diesem selbst Rechtsqualität zuzuerkennen. Indem sie also das Gewaltverhältnis zur Rechtsfolge eines Vertrages erklärt, sucht sie es in die Sphäre des Rechts zu integrieren.[113] Legt man die oben angesprochene[114]

---

[110] Glossarium, Neuausgabe 2015, S. 120.

[111] Siehe dazu auch *Heinz Peter Rill*, ÖZöR 1961, 457, 467; *Jan Schröder*, in: Festschrift für Joachim Gernhuber, 1993, S. 961, 962 ff.

[112] *Gustav Radbruch* (Rechtsphilosophie, 8. Aufl., 1973, S. 222) sah in der Lehre vom Gesellschaftsvertrag den Versuch, „das öffentliche Recht fiktiv in Privatrecht aufzulösen".

[113] Die Vorstellung, dass die Herrschaft des Königs auf Verträgen beruhte, war auch dem späten Mittelalter geläufig; vgl. *Dieter Wyduckel*, Ius Publicum, 1984, S. 124 ff. Mit der Festigung der Territorialherrschaft trugen diese Vertragsbeziehungen immer deutlicher fiktionalen Charakter. Waren derartige Verträge während des Mittelalters in ein Geflecht von Rechtsverhältnissen eingebunden und somit „legalisiert", sollten sie nunmehr – in der neuzeitlichen Lehre vom Gesellschaftsvertrag – dazu dienen, der Herrschaft als solcher Legitimität und Legalität zu verschaffen.

[114] Siehe dazu oben: Erstes Kapitel, IV.1.b.

begriffliche Differenzierung zugrunde (die ihr selbst naturgemäß fremd war), so darf man behaupten, dass die Lehre vom Gesellschaftsvertrag nicht allein zur Legitimierung der staatlichen Hoheitsgewalt dienen sollte, sondern ebensogut zu ihrer Legalisierung: was als Rechtsfolge eines als gültig gedachten Vertrages in der Sphäre des Rechts liegt, lässt sich – solange das Vertragsverhältnis besteht – als rechtlich wirksam betrachten. Von diesem Standpunkt her liegt die Vermutung nicht fern, dass die hoheitliche Gewalt im Regelfall rechtmäßig ausgeübt wird.

Auch die Naturrechtslehre schickte sich dazu an, das Recht zu herrschen als ein wirkliches Recht und die Untertanenpflichten als rechtlich beschaffene Pflichten zu qualifizieren. Das Bemerkenswerte daran war aus hiesiger Sicht, dass sie den (von ihr angenommenen) Normen die Eigenschaft zuerkannt hat, vor einem über dem Staat existierenden Richter als Entscheidungsmaßstab zu dienen. In der Vorstellungswelt des christlichen Naturrechts konnte dieser Richter, der über dem Staat steht, niemand anderes sein als Gott selbst; im Naturrecht der Aufklärungszeit bekleidete die Vernunft dieses Amt. Unter dem Gesichtspunkt ihrer Eignung als richterlicher Entscheidungsmaßstab speiste sich daraus die Rechtsqualität jenes (als ius politiae bezeichneten[115]) Satzes, der das hoheitliche Gewaltverhältnis begründet. Die Verrechtlichung, die damit einhergeht, steht und fällt mit der Gewissheit über das Vorhandensein einer solchen richterlichen Instanz; an dieser Stelle (aber auch weit darüber hinaus) beruht der Gedanke der rechtlichen Normativität auf dem Gedanken des Richters – oder besser: hier wie anderenorts liegt der Idee des Rechts die Idee des Richters voraus.[116]

II. Die Ausschaltung der Zivilgerichte in den Angelegenheiten der öffentlichen Verwaltung während des 18. und des 19. Jahrhunderts

1. Die Beseitigung der iura quaesita im Zuge der bürgerlichen Revolutionen

Es waren interessanterweise ganz verschiedene politische Akteure des vorangeschrittenen 18. und des frühen 19. Jahrhunderts, die den älteren Formen einer Verrechtlichung der hoheitlichen Gewalt in Gestalt der iura

---

[115] Siehe dazu vorstehend: 3.

[116] Dezidiert gegenteilig *Hans Kelsen*, Allgemeine Theorie der Normen, 1979 (Nachdruck 1990), S. 240 (Anm. 29). Näher dazu *Stefan Haack*, Theorie des öffentlichen Rechts, 2017, S. 17 f.

quaesita ein Ende bereitet haben.[117] Bürgerliche und monarchistische Kräfte wirkten hier durchaus in ein und dieselbe Richtung. Die Verfechter des monarchischen Absolutismus strebten danach, die fürstlichen Landesherren von rechtlichen Bindungen zu befreien, um sie für die Auseinandersetzung mit den erstarkenden bürgerlichen Kräften zu rüsten.[118] Wo bürgerliche Revolutionäre (wie in Frankreich) an die Macht gelangt waren, wollten sie die neue politische Ordnung entfalten und sichern, ohne sich dabei von den Gerichten ausbremsen und kontrollieren zu lassen.[119] In den politischen Kämpfen zwischen den Kräften des Bürgertums und der Monarchie sahen letztlich beide Seiten (aus Gründen, die einander nicht unähnlich waren) die bestehenden rechtlichen Fesseln in Gestalt der überkommenen iura quaesita als hinderlich an.[120] (Dass rechtliche Beschränkungen von beiden Seiten eines Machtkampfs als Hemmnis aufgefasst werden, sobald dieser offen ausgebrochen ist, lässt sich auch in zahlreichen anderen Zusammenhängen belegen.) Hinzu kam, dass auch die liberalen Wirtschaftsreformer lästige Bindungen loswerden wollten, denen das wirtschaftliche Leben kraft des alten ständischen Rechts unterlag.[121] Hinauslaufen musste all dies auf eine Ausschaltung der Zivilgerichtsbarkeit in den Angelegenheiten der öffentlichen Verwaltung. Zur Begründung dieser Forderung berief man sich nicht zuletzt auf das Gewaltenteilungsprinzip[122], wodurch der ursprüngliche Sinn dieses Grundsatzes in sein Gegenteil gewendet wurde[123]:

---

[117] *Martin Bullinger*, Öffentliches Recht und Privatrecht, 1968, S. 52 („rechtspolitische Zufallsgemeinschaft"); *Dieter Grimm*, Recht und Staat der bürgerlichen Gesellschaft, 1987, S. 93 (die „einseitige Abschirmung des öffentlichen Rechts gegen Kontrolle" als „Werkzeug ganz verschiedener Ideen").

[118] *Martin Bullinger*, Öffentliches Recht und Privatrecht, 1968, S. 31, 51; *ders.*, in: Festschrift für Fritz Rittner, 1991, S. 69, 72; *Dieter Grimm*, in: Dilcher/Horn (Hrsg.), Sozialwissenschaften im Studium des Rechts, Bd. IV, 1978, S. 55, 58, 63; *Erich Kaufmann*, Autorität und Freiheit. Gesammelte Schriften, Bd. I, 1960, S. 110.

[119] *Erich Kaufmann*, Autorität und Freiheit. Gesammelte Schriften, Bd. I, 1960, S. 110.

[120] *Dieter Grimm*, Recht und Staat der bürgerlichen Gesellschaft, 1987, S. 93.

[121] *Martin Bullinger*, Öffentliches Recht und Privatrecht, 1968, S. 52; *ders.*, in: Festschrift für Fritz Rittner, 1991, S. 69, 72 f.; *ders.*, in: Hoffmann-Riem/Schmidt-Aßmann (Hrsg.), Öffentliches Recht und Privatrecht als wechselseitige Auffangordnungen, 1997, S. 239, 242 f.

[122] Vgl. *Martin Bullinger*, Öffentliches Recht und Privatrecht, 1968, S. 51 f.; *Dirk Ehlers*, Verwaltung in Privatrechtsform, 1984, S. 34; *Zaccaria Giacometti*, Über die Grenzziehung zwischen Zivilrechts- und Verwaltungsrechtsinstituten in der Judikatur des schweizerischen Bundesgerichts, 1924, S. 2; *Ewald Wiederin*, in: Grimm, Das Öffentliche Recht vor der Frage nach seiner Identität, 2012, S. 91, 96; siehe dazu ferner *Paul Flückiger*, in: Festgabe für den Schweizerischen Juristenverein, 1955, S. 137, 138.

[123] Ähnlich *Ludwig Schöne*, Privatrecht und Öffentliches Recht, 1955, S. 32; vgl. dazu

ging es zunächst einmal darum, dass die staatliche Gewalt gerade zum Zweck einer gegenseitigen Kontrolle zwischen verschiedenen Trägern aufgeteilt werden sollte[124], erstrebte man nunmehr die Abschottung der exekutiven Gewalt gegenüber der judikativen Kontrolle.

2. Die reduzierte Befugnis der Zivilgerichte, über die rechtlichen Bindungen der Hoheitsgewalt zu judizieren

Für den soeben geschilderten Vorgang erwies sich auch die Differenzierung von öffentlichem Recht und Privatrecht als nützlich[125]: man suchte die bis dahin einheitlichen Rechte der Privatperson aufzuspalten, um die Klagbarkeit der gegen den Staat gerichteten Ansprüche auszuschließen oder auf ein Minimum zu beschränken[126] – hierbei ging man in Frankreich konsequenter vor als in Deutschland.[127] Ein simples rechtstechnisches Mittel, um dieses Ziel zu erreichen, kann darin gesehen werden, der ordentlichen Gerichtsbarkeit die „bürgerlich-rechtlichen Streitigkeiten" zuzuweisen, ohne dass ein effektiver Rechtsschutz gegen die staatliche Hoheitsgewalt existiert.[128] Ungeachtet der verbalen Bekundung, dass es sich dabei um eine Abgrenzung zwischen den Gebieten des öffentlichen und des privaten Rechts handeln soll, hat man es (bei einer rechtstheoretisch reflektierten und vorurteilsfreien Betrachtung) mit dem Entweder-Oder von Recht und Nichtrecht zu tun – und demzufolge mit der Reichweite und der Bedeutung, die dem Recht im konkreten Staatswesen zukommt.[129] Umfassende zivilge-

---

ferner *Erich Kaufmann*, Autorität und Freiheit. Gesammelte Schriften, Bd. I, 1960, S. 110.

[124] Ausführlich zur Ideengeschichte der „Gewaltenbalance" *Reinhold Zippelius*, Allgemeine Staatslehre, 17. Aufl., 2017, S. 261 ff.

[125] *Dirk Ehlers*, Verwaltung in Privatrechtsform, 1984, S. 34.

[126] *Martin Bullinger*, Öffentliches Recht und Privatrecht, 1968, S. 50; *ders.*, in: Festschrift für Fritz Rittner, 1991, S. 61, 72; *ders.*, in: Hoffmann-Riem/Schmidt-Aßmann (Hrsg.), Öffentliches Recht und Privatrecht als wechselseitige Auffangordnungen, 1997, S. 239, 242.

[127] *Dirk Ehlers*, Verwaltung in Privatrechtsform, 1984, S. 34; *Zaccaria Giacometti*, Über die Grenzziehung zwischen Zivilrechts- und Verwaltungsrechtsinstituten in der Judikatur des schweizerischen Bundesgerichts, 1924, S. 2; *Walter Jellinek*, Verwaltungsrecht, 3. Aufl., 1931, S. 54.

[128] *Martin Bullinger*, Öffentliches Recht und Privatrecht, 1968, S. 50; *ders.*, in: Festschrift für Fritz Rittner, 1991, S. 69, 72; *Dirk Ehlers*, Verwaltung in Privatrechtsform, 1984, S. 34; *Walter Jellinek*, Verwaltungsrecht, 3. Aufl., 1931, S. 46. Auf eine entsprechende Regelung im sowjetischen Recht weist *Dieter Pfaff*, ZVglRWiss 70 (1968), 129, 151 f. hin.

[129] Vgl. dazu auch *Zaccaria Giacometti*, Über die Grenzziehung zwischen Zivil-

richtliche Zuständigkeiten in den Angelegenheiten der öffentlichen Verwaltung sind aus rechtsstaatlicher Sicht zunächst einmal kein schlechtes Zeichen; dies gilt auch für die Bestrebungen des Reichsgerichts, seine Zuständigkeiten im Bereich der öffentlichen Verwaltung dadurch auszudehnen, dass es den Begriff der ‚bürgerlich-rechtlichen' Streitigkeit im Sinne einer ‚vermögensrechtlichen' Streitigkeit interpretiert hat.[130] Das anschaulichste Beispiel hierfür bildete jedoch das englische Recht[131]: die umfassende Zuständigkeit der ordentlichen Gerichte in den Angelegenheiten der öffentlichen Verwaltung[132] deutete nicht etwa auf ein geringes, sondern gerade umgekehrt auf ein vergleichsweise hohes Maß an Verrechtlichung hin. Es ist daher falsch, den Grad der Rechtsstaatlichkeit (wenn man darunter die Rechtsbindung der Verwaltung versteht) am Ausbau einer eigenständigen Verwaltungsgerichtsbarkeit festzumachen, die man in formell-organisatorischer Hinsicht als solche bezeichnet, solange die ordentlichen Gerichte diese Funktion übernehmen.[133] Wo sich das öffentliche Recht und das Privatrecht gerade deshalb schwer auseinanderhalten lassen, weil die Verwaltung derselben Gerichtsbarkeit und denselben (allenfalls punktuell modifizierten) Regeln wie eine Privatperson unterfällt, liegt ein hoher Grad der Verrechtlichung vor, der für die Bezeichnung eines entsprechenden Staatswesens als ‚rechtsstaatlich' spricht. Insofern gebührt auch jenen Autoren ein Ehrenplatz in der Geschichte des Rechtsstaats, die es – wie *Otto Bähr* – für möglich gehalten haben, die ordentlichen Gerichte über öffentlich-rechtliche Streitigkeiten entscheiden zu lassen.[134] Wer diesen Weg einschlug, musste die Auseinandersetzungen über die subjektiven öffentlichen

---

rechts- und Verwaltungsrechtsinstituten in der Judikatur des schweizerischen Bundesgerichts, 1924, S. 46; *Walter Jellinek*, Verwaltungsrecht, 3. Aufl., 1931, S. 46.

[130] Vgl. dazu *Walter Jellinek*, Verwaltungsrecht, 3. Aufl., 1931, S. 46; *Herbert Krüger*, Allgemeine Staatslehre, 2. Aufl., 1966, S. 324 f.; zu weiteren, ähnlich gelagerten Kniffen der Zivilgerichte, wenn es darum ging, Rechtsschutz zu ermöglichen, siehe *Bernhard Kempen*, Die Formenwahlfreiheit der Verwaltung, 1989, S. 11; *Heinrich de Wall*, Die Anwendbarkeit privatrechtlicher Vorschriften im Verwaltungsrecht, 1999, S. 11.

[131] Vgl. dazu *Dirk Ehlers*, Verwaltung in Privatrechtsform, 1984, S. 48 f.; *Walter Jellinek*, Verwaltungsrecht, 3. Aufl., 1931, S. 48.

[132] Siehe dazu aus der älteren Literatur: *Erwin Riezler*, in: Schlegelberger (Hrsg.), Rechtsvergleichendes Handwörterbuch, Zweiter Band, 1929, S. 609, 613.

[133] Auch die Rechtsentwicklung in der Schweiz zum Ende des 19. und am Beginn des 20. Jahrhunderts deutete phasenweise in diese Richtung; vgl. *Zaccaria Giacometti*, Über die Grenzziehung zwischen Zivilrechts- und Verwaltungsrechtsinstituten in der Judikatur des schweizerischen Bundesgerichts, 1924, S. 6 ff., 48 ff.

[134] Dazu *Ludwig Schöne*, Privatrecht und Öffentliches Recht, 1955, S. 33 (dort auch in Fn. 20).

Rechte, wie sie in der zweiten Hälfte des 19. Jahrhunderts geführt worden sind[135], als müßige Fragen der Etikettierung empfinden.

3. *Die Fiskustheorie als Indikator für die mangelnde Verrechtlichung der Staat-Bürger-Beziehung*

Vor diesem Hintergrund ist auch die sog. Fiskustheorie zu erklären[136]: um ein Minimum an Verrechtlichung sicherzustellen, wenn es um vermögensrechtliche Streitigkeiten zwischen dem Bürger und einem der juristischen Kontrolle weitestgehend entzogenen Staat geht, ist man auf den Gedanken verfallen, zwischen dem Fiskus als öffentlichem Träger von privaten Vermögensrechten und dem Staat als Träger der Hoheitsgewalt zu unterscheiden.[137] Da der Staat weder dazu imstande erschien, sämtliche benötigten Bedarfsgüter und Dienstleistungen – vom Schreibpapier über Kriegswaffen bis hin zu künstlerischen Darbietungen – durch eigene Tätigkeit zu erzeugen, noch diese sich durch Zwangsmaßnahmen zu verschaffen vermochte, kam es darauf an, ihm die Teilnahme am privaten Rechtsverkehr zu eröffnen, ohne ihn in seiner Eigenschaft als Träger der Hoheitsgewalt der Gerichtsbarkeit zu unterwerfen.[138] Private Vertragspartner ließen sich damals wie heute um so leichter auf Geschäfte mit dem Staat ein, je eher die Aussicht bestand, im Falle eines Konflikts in gleicher Weise wie bei Vertragsbeziehungen zwischen Privaten gerichtlichen Rechtsschutz zu erhalten – dieser Zusammenhang macht sich insbesondere in autoritär regierten Staaten bemerkbar. Im Fiskusgedanken findet sich insofern ein zuverlässiger Indikator für die fehlende rechtliche Bindung der hoheitlichen Gewalt[139]; be-

---

[135] Näher dazu *Stefan Haack*, Theorie des öffentlichen Rechts, 2017, S. 35 ff.

[136] Siehe dazu bereits *Stefan Haack*, Theorie des öffentlichen Rechts, 2017, S. 73 f.

[137] *Joachim Burmeister*, in: Prütting (Hrsg.), Recht und Gesetz im Dialog III, 1986, S. 1, 5 (der die Fiskustheorie als „rudimentäre rechtsstaatliche Errungenschaft" ansieht); *Zaccaria Giacometti*, Über die Grenzziehung zwischen Zivilrechts- und Verwaltungsrechtsinstituten in der Judikatur des schweizerischen Bundesgerichts, 1924, S. 2 f.; *Bernhard Kempen*, Die Formenwahlfreiheit der Verwaltung, 1989, S. 11; *Wolfgang Martens*, Öffentlich als Rechtsbegriff, 1969, S. 89. Der Begriff des ‚Fiskus' wurde später auf den Staat als Träger sämtlicher, d. h. privater und öffentlicher Vermögensrechte erweitert; so z. B. bei *Georg Jellinek*, System der subjektiven öffentlichen Rechte, 2. Aufl., 1905 (Nachdruck 2011), S. 60.

[138] *Otto Mayer*, Deutsches Verwaltungsrecht, 3. Aufl., Erster Band, 1924 (Nachdruck 1969), S. 120.

[139] Zu den Besonderheiten in der Rechtsentwicklung der Schweiz siehe *Zaccaria Giacometti*, Über die Grenzziehung zwischen Zivilrechts- und Verwaltungsrechtsinstituten in der Judikatur des schweizerischen Bundesgerichts, 1924, S. 5 ff.

zeichnenderweise klang er auch in den totalitären Systemen des 20. Jahrhunderts noch hier und da an.[140]

Auf den Begriff des öffentlichen Rechts wirkte sich die Fiskustheorie in mehrfacher Hinsicht nachteilig aus: nachdem sie den ‚Staat' als Hoheitsträger vom ‚Fiskus' als einem Rechtsträger der öffentlichen Vermögensmasse abgetrennt hatte, ließen sich ohne weitere Differenzierungen sämtliche den ‚Staat' betreffende Normen (also alle Normen, die sich auf das hoheitliche Gewaltverhältnis bezogen) als öffentliches Recht klassifizieren – in anderen als hoheitlichen Zusammenhängen trat der ‚Staat' qua definitione nicht in Erscheinung.[141] Obgleich sich die Fiskustheorie im Hinblick auf die Beschaffenheit der hoheitlichen Gewalt (als rechtliche oder nichtrechtliche Größe) strenggenommen als neutral einstufen lässt, hat sie der verhängnisvollen Gleichsetzung von öffentlichem Recht und hoheitlicher Gewalt[142] weiter Vorschub geleistet. Ihre Problematik setzte sich in der Diskussion über die Abgrenzung von öffentlichem und privatem Recht fort. Von ihrem Standpunkt her lag öffentliches Recht immer dann vor, wenn der Staat Adressat einer Rechtsvorschrift war.[143] Diese (als formale Subjektstheorie bekannt gewordene) Lehre bildet die zweite missliche Konsequenz des Fiskusgedankens, die noch lange nachgewirkt hat. Sobald die Unterscheidung von ‚Staat' und ‚Fiskus' als hinfällig betrachtet worden war und ein privatrechtliches Handeln des Staates möglich erschien, stand der formale Abgrenzungsansatz den nunmehr sich stellenden Herausforderungen im Hinblick auf das Verhältnis von öffentlichem Recht und Privatrecht hilflos, wenn nicht sogar verständnislos gegenüber.[144]

IV. Das Verständnis vom öffentlichen Recht und dessen Beziehungen zum Privatrecht in totalitären Systemen

1. Die fehlende Verrechtlichung der politischen Herrschaft und ihre rechtstheoretischen Folgen

Wenn man die Literatur über das Verhältnis des öffentlichen Rechts zum Privatrecht in den totalitären Systemen des 20. Jahrhunderts befragt,

[140] Siehe dazu *Stefan Haack*, Theorie des öffentlichen Rechts, 2017, S. 74.

[141] *Walter Leisner*, JZ 2006, 869, 870.

[142] Siehe dazu oben: Erstes Kapitel, IV.2.

[143] Vgl. *Otto Bachof*, in: Festgabe 25 Jahre BVerwG, 1978, S. 1, 9 (dort in Fn. 33); *Walter Leisner*, JZ 2006, 869, 870.

[144] Siehe dazu unten: Drittes Kapitel, III. und IV.

scheint die Angelegenheit klar: öffentliches Recht und Privatrecht wirken eng miteinander verbunden, wobei das öffentliche Recht in die traditionellen Bereiche des Privatrechts eingedrungen ist und dieses zurückgedrängt hat.[145] Aus dem weiter oben Gesagten[146] ergibt sich, dass dieses Bild trügt. Wo den obersten Prinzipien des Staates zufolge eine Verrechtlichung der hoheitlichen Gewalt von vornherein nicht in Betracht kommen sollte (wie dies im Nationalsozialismus und in den kommunistischen Ländern[147] der Fall war), hat man es nach unserem Verständnis nicht mit öffentlich-rechtlichen Normen zu tun[148], auch wenn die Beteiligten selbst vom „Staatsrecht", vom „Verfassungsrecht" oder vom „Verwaltungsrecht" sprachen. Weder die Bezeichnung noch das Erscheinungsbild entsprechender Paragraphenwerke lässt Rückschlüsse auf die juristische Beschaffenheit ihrer Inhalte zu. Bei Lichte besehen weist die hoheitliche Gewalt im totalitären Staat ein sehr geringes Maß an Verrechtlichung auf[149], das sich im Wesentlichen auf die Strafrechtspflege[150] und die fiskalischen Hilfsgeschäfte beschränkt[151] – auch sie schweben ständig in der Gefahr des politischen Missbrauchs. Vor diesem Hintergrund wird ersichtlich, warum es nicht richtig sein kann zu behaupten, in einem totalitären System laufe die Einheit des Rechts (gemeint ist die Einheit dessen, was in einem solchen Staat das ‚Recht' genannt wird) auf eine vollständige Instrumentalisierung des Privatrechts zugunsten öffentlich-rechtlicher Maximen hinaus.[152] Richtigerweise hatte man es mit einer Instrumentalisierung des Privatrechts zugunsten außerrechtlicher, politisch-ideologischer Maximen zu tun.[153]

---

[145] In diese Richtung *Dieter Pfaff*, ZVglRWiss 70 (1968), 129, 202ff. Dem entsprach auch die Selbstwahrnehmung der Rechtslehre im Nationalsozialismus; vgl. *Ulrich Scheuner*, DJZ 1935, Sp. 1462, 1465.

[146] Siehe dazu oben: Erstes Kapitel, IV.

[147] Dazu *Dieter Pfaff*, ZVglRWiss 70 (1968), 129, 213.

[148] A.A. *Dirk Ehlers*, Verwaltung in Privatrechtsform, 1984, S. 47.

[149] Siehe dazu *Walther Burckhardt*, Methode und System des Rechts, 1936 (Nachdruck 1971), S. 217.

[150] Weitergehend *Walther Burckhardt*, Methode und System des Rechts, 1936 (Nachdruck 1971), S. 215 – im totalitären System könne auch die Strafrechtspflege zur Behördenangelegenheit werden.

[151] Näher dazu *Stefan Haack*, Theorie des öffentlichen Rechts, 2017, S. 72ff.

[152] So jedoch *Dirk Ehlers*, Verwaltung in Privatrechtsform, 1984, S. 47; ähnlich *Ludwig Schöne*, Privatrecht und Öffentliches Recht, 1955, S. 120; *Michael Stolleis*, in: Hoffmann-Riem/Schmidt-Aßmann (Hrsg.), Öffentliches Recht und Privatrecht als wechselseitige Auffangordnungen, 1997, S. 41, 58f.

[153] Widersprüchlich *Dieter Pfaff*, ZVglRWiss 70 (1968), 129, 224f., der vom „öffentlich-rechtliche[n] Charakter" der sowjetischen Verhältnisse spricht und zugleich meint, dass der Begriff ‚Recht' hierauf nicht anwendbar sei, sofern man mehr darunter versteht

2. Über die Möglichkeiten eines rechtswissenschaftlichen Denkens und seine Camouflage im totalitären System

Der Rechtswissenschaft stehen in einer solchen Lage, wie sie für totalitäre Staaten kennzeichnend ist, zwei Wege offen: sie kann das Vorhandensein rechtlicher Normen behaupten, wo solche (gemessen an anspruchsvollen Rechtsbegriffen) nicht existieren; hierdurch gibt sie ihren Gegenstand und mit diesem zugleich die eigenen wissenschaftlichen Ansprüche preis. Der zweite gangbare Weg besteht darin, den Begriff des Rechts zu negieren und den nichtjuristischen Charakter der Staatsgewalt anzuerkennen oder gar offensiv zu propagieren. Den ersten dieser beiden Wege hat die Rechtslehre des Nationalsozialismus beschritten, den zweiten ein Teil der sowjetischen Rechtstheorie. Es lohnt sich im Hinblick auf das Anliegen unserer Studie (die Immunisierung der Lehren vom öffentlichen Recht gegen politischen Missbrauch), an diesem Punkt innezuhalten und beide Vorgehensweisen zu untersuchen.

Aufschlussreich erscheint insbesondere die zuletzt geschilderte Strategie.[154] Teile der sowjetischen Rechtstheorie suchten den Begriff des Rechts vom Begriff der staatlichen Gewalt abzusondern und letztere als außerrechtliche Größe zu definieren.[155] Begründen ließ sich diese Auffassung, die insbesondere in der Frühzeit des sowjetischen Rechtsdenkens artikuliert worden war, mit einem vermeintlich bürgerlichen Charakter der Rechtsidee selbst, die in einen Kontrast zur Revolution und zur Diktatur des Proletariats gesetzt wurde. Die entsprechenden Autoren gelangten dann zu der (nur auf den ersten Blick verblüffenden) Konsequenz, dass das sowjetische Recht privates Recht sei[156] (welches aus kommunistischer Sicht als Übergangserscheinung abgetan werden konnte[157]). Das Konzept des öffentlichen Rechts wurde aus einer (zumindest nach außen hin) feindseligen Haltung gegenüber dem traditionellen Rechtsbegriff aufgegeben. Indem Teile der

---

„als organisatorische Allgemeinverfügungen […], die von den herrschenden Parteigruppen ausgegeben werden". Zur begrifflichen Unvereinbarkeit beider Aspekte siehe nochmals unten in Fn. 174.

[154] Die folgenden Hinweise zur sowjetischen Rechtstheorie stützen sich insbesondere auf die grundlegende Abhandlung von *Dieter Pfaff*, ZVglRWiss 70 (1968), 129.

[155] Siehe dazu *Dieter Pfaff*, ZVglRWiss 70 (1968), 129, 143 m. w. N.; vgl. auch *Walther Burckhardt*, Methode und System des Rechts, 1936 (Nachdruck 1971), S. 219 (dort in Fn. 101) zu *Jewgeni B. Paschukanis*.

[156] Siehe dazu insbesondere die Positionen von *Jewgeni B. Paschukanis*, ausführlich wiedergegeben und kommentiert bei *Dieter Pfaff*, ZVglRWiss 70 (1968), 129, 143.

[157] *Franz Bydlinski*, AcP 194 (1994), 319, 322 f.; vgl. auch *Dieter Pfaff*, ZVglRWiss 70 (1968), 129, 140.

sowjetischen Rechtstheorie den Rechtsbegriff verächtlich zu machen suchten, ihre Missbilligung einer (vermeintlich bürgerlich-liberalen) Rechtsvorstellung erklärten und sich darum bemühten, diese als überholt hinzustellen, hatten sie die Rechtsidee in gewisser Weise geschützt (wobei man spekulieren darf, dass es einigen Autoren genau darum ging). Demgegenüber bezeugte die Rechtslehre des Nationalsozialismus dem Rechtsbegriff ihre Wertschätzung aus der Bestrebung heraus, ihn im Sinne der nationalsozialistischen Ideologie zu erneuern – hiermit setzte sie dazu an, ihn zu ruinieren. Wenn man sich als Rechtswissenschaftler, als Staatstheoretiker oder als politischer Philosoph in eine Bewegung verstrickt sieht, die im Begriff ist, Verbrechen zu begehen und Katastrophen heraufzubeschwören, lassen sich die eigenen Theoreme und Kategorien unter Umständen dadurch am besten schützen, dass man sie außen vor lässt, indem man vorgibt, sie zu negieren. Will man dagegen Ideen, die man insgeheim ablehnt, nachhaltig diskreditieren, kann man dies in einer solchen Lage am geschicktesten dadurch erreichen, dass man sie aufgreift und in das verderbliche Treiben hineinzieht. Niemand berührt mit blutigen Händen die Dinge, die ihm etwas wert sind. Wer rechtswissenschaftliche Schriften aus totalitären Systemen studiert, sollte sich dieser Zusammenhänge bewusst sein.

Diese Zweideutigkeit bei der Geringschätzung des Rechtsbegriffs trat in den Werken der späteren Generationen von sowjetischen Rechtswissenschaftlern weniger deutlich hervor. Was jedoch erhalten blieb, war die grundsätzliche Ablehnung eines öffentlichen Rechts, das diesen Namen verdient. Indem die sowjetische Rechtstheorie davon ausging, dass die Herrschaft des Staates in einer klassenlosen Gesellschaft entfällt[158], musste sie glauben, dass über kurz oder lang auch die rechtlichen Normen verschwinden, die von den Staaten erlassen und durchgesetzt werden. Dies hinderte sie nicht daran zuzugestehen, dass es über das Ende des Staates hinaus Normen anderer Art geben könnte, insbesondere solche, die durch die kommunistische Partei festgelegt werden sollten.[159] Das Problem eines öffentlichen Rechts, das diesen Namen verdient, erledigte sich damit auf eine denkbar einfache Weise: wo kein Staat existiert, bedarf es auch keiner rechtlichen Normen, die gegen das staatliche Handeln geltend gemacht werden können. Ein staatliches System, das keinerlei öffentlich-rechtlichen Rechtsschutz gegen sein eigenes Handeln bereithält, droht in Erklärungsnot zu geraten – dieser Erklärungsnot suchte sich die sozialistische Rechts-

---

[158] Vgl. *Dieter Pfaff*, ZVglRWiss 70 (1968), 129, 205.

[159] *Dieter Pfaff*, ZVglRWiss 70 (1968), 129, 205.

theorie durch eine Flucht nach vorn zu entziehen: weil der Staat nach dem Sieg der Revolution ins Museum der Altertümer gehört und demnächst dort zu finden sein wird[160], geht von ihm – so die Logik der kommunistischen Rechtstheorie – keinerlei nennenswerte Gefahr aus, die durch das öffentliche Recht zu beseitigen wäre. In der Praxis lief diese rechts- und staatstheoretische Flucht nach vorn auf eine ununterbrochene Flucht vor der bleibenden Bedeutung der Staatsvorstellung hinaus.[161] An dieser Stelle ergeben sich durchaus Parallelen zur Rechtslehre des Nationalsozialismus, die zumindest teilweise darauf abzielte, den Staat gegenüber Größen wie ‚Gemeinschaft', ‚Reich', ‚Volk' und ‚Bewegung' hintanzustellen[162] (wobei letztere durch die NSDAP verkörpert wurde). Je besser es gelang, den einzelnen derartigen Bindungen zu unterwerfen (die – wie nicht eigens betont werden muss – ohne gerichtliche Kontrollmöglichkeiten konzipiert worden sind und ins Werk gesetzt werden sollten), desto weniger wichtig erschien die Frage nach klagbaren Rechten im Verhältnis des ‚Volksgenossen' zum ‚Staat'.

3. Der Stellenwert des Privatrechts in totalitären Systemen

Eine Abschaffung des Privatrechts ist keinem der beiden größten totalitären Regime des 20. Jahrhunderts gelungen.[163] Theoretische Bestrebungen, eine objektiv-rechtliche Deutung des Privatrechts zu etablieren[164], die dessen Ende gekennzeichnet hätte[165], vermochten sich nicht durchzusetzen. Jedoch wurde in beiden Regimen – aus verschiedenen Gründen und auf unterschiedliche Weise – der Anwendungsbereich des Privatrechts be-

---

[160] So das bekannte Zitat von *Friedrich Engels* aus seiner Abhandlung über den „Ursprung der Familie, des Privateigentums und des Staates", abgedruckt in: Karl Marx/Friedrich Engels, Ausgewählte Schriften, Bd. II, 1955, S. 159, 299.

[161] Vgl. dazu auch *Burkhard Schöbener/Matthias Knauff*, Allgemeine Staatslehre, 4. Aufl., 2019, § 4 Rnrn. 30 ff.

[162] Siehe dazu ausführlich *Horst Dreier*, VVDStRL 60 (2001), 9, 32 ff.; *Michael Stolleis*, Geschichte des öffentlichen Rechts in Deutschland, Dritter Band, 1999, S. 325 ff.; vgl. ferner *Wolfgang Martens*, Öffentlich als Rechtsbegriff, 1969, S. 115 f. (dort auch in Fn. 221).

[163] *Dieter Pfaff*, ZVglRWiss 70 (1968), 129, 172; *Ludwig Raiser*, Die Zukunft des Privatrechts, 1971, S. 25 (beide zum sowjetischen Recht); *Robert Walter*, in: Zur Erneuerung der Struktur der Rechtsordnung, 1970, S. 49, 52 f.

[164] Illustrativ hierfür aus der Literatur der nationalsozialistischen Zeit erscheint *Ernst Rudolf Huber*, ZGStW 98 (1938), 310, 353; zu entsprechenden Phasen und Strömungen im sowjetischen Recht vgl. *Dieter Pfaff*, ZVglRWiss 70 (1968), 129, 185, 189 f. (dort auch zu vergleichbaren Ansätzen in der Rechtswissenschaft der DDR).

[165] Siehe dazu *Stefan Haack*, Theorie des öffentlichen Rechts, 2017, S. 41.

schränkt[166]; dass dieser Prozess im sowjetischen Recht drastischer ausfallen musste als im Nationalsozialismus, erscheint angesichts der kommunistischen Ideologie, die gegen das Privateigentum an Produktionsmitteln gerichtet war, konsequent.[167] Dementsprechend wurde das Privatrecht der Sowjetunion auf das Gebiet der persönlichen Gegenstände beschränkt.[168] Wo die sowjetische Lehre gleichwohl nicht um eine Abgrenzung des Privatrechts von Verwaltungsangelegenheiten umhin kam, hat sie sich – allen gegenteiligen Beteuerungen zum Trotz – an den geläufigen Abgrenzungstheorien orientiert und eine Kombination aus Sonderrechtslehre und Subordinationstheorie praktiziert, in die auch Aspekte der Interessentheorie eingebaut worden sind.[169] Ebenso operierte die Gesetzgebungspraxis des Nationalsozialismus mit der herkömmlichen Dichotomie von öffentlichem Recht und Privatrecht, ohne dabei etwas wesentlich anderes im Sinne zu haben.[170]

V. Das Verständnis vom öffentlichen Recht und dessen Beziehungen zum Privatrecht im demokratischen Rechtsstaat

1. Rechtsbegriff und vorrechtliches Gewaltverhältnis in der juristischen Dogmatik des Rechtsstaats

Der Vorgang der Dejuridifizierung, der die Entwicklung des modernen Territorialstaats gekennzeichnet hatte, kehrte sich erst im demokratischen Rechtsstaat der Gegenwart um. Das Grundgesetz und vergleichbare Verfassungen anderer Staaten verrechtlichen die Staat-Bürger-Beziehung in einem Umfang, der kaum noch größer gedacht werden kann. Nichtsdestoweniger verfällt man bei der rechtstheoretischen Behandlung der staatlichen Herrschaft in einen Fehler, welcher der oben geschilderten[171] Verbrämung der hoheitlichen Gewalt im vordemokratischen Staat durchaus ähnelt (was um so weniger toleriert werden kann, als hierfür keinerlei An-

---

166 Siehe dazu (für die nationalsozialistische Rechtslehre) *Ernst Rudolf Huber*, ZGStW 98 (1938), 310, 356.

167 Vgl. dazu auch *Franz Bydlinski*, AcP 194 (1994), 319, 322 f.

168 *Dieter Pfaff*, ZVglRWiss 70 (1968), 129, 166.

169 *Dieter Pfaff*, ZVglRWiss 70 (1968), 129, 158 f., 167, 176.

170 *Erwin Melichar*, JBl. 1948, 525 (dort in Fn. 2), der hinzufügt, die nationalsozialistische Rechtstheorie sei dadurch in eine schwierige Lage geraten; *Ludwig Schöne*, Privatrecht und Öffentliches Recht, 1955, S. 119 f.

171 Siehe dazu oben: I.3.

lass besteht). Während man sich von der frühen Neuzeit bis hin zu den totalitären Diktaturen des letzten Jahrhunderts (in unterschiedlichem Ausmaß und mit unterschiedlichen Ergebnissen) darum bemühte, das hoheitliche Gewaltverhältnis als rechtliche Beziehung (die es nicht war) erscheinen zu lassen, um seine Akzeptanz zu erhöhen und die Befolgungswahrscheinlichkeit von Verwaltungsmaßnahmen zu steigern, übersieht man heutzutage (beeindruckt von Umfang und Dichte der richterlichen Kontrolle über das staatliche Handeln), dass man es auch in der rechtlichen Ordnung des Rechtsstaats mit der Verrechtlichung eines vorrechtlichen Gewaltverhältnisses zu tun hat. Es existiert bis heute kein unabhängiger und übergeordneter Richter, der sich als dazu berechtigt und imstande erweist, über die Rechtmäßigkeit der Staatsgewalt in ihrer Gesamtheit zu judizieren.[172] Welche politischen Gründe dafür sprechen, die nichtjuristische Beschaffenheit des hoheitlichen Gewaltverhältnisses zu leugnen, mag hier ebenso dahingestellt bleiben wie der Gesichtspunkt, ob dies bei näherer Betrachtung dieselben Gründe sein könnten, die bereits im 18. oder 19. Jahrhundert maßgeblich waren. Statt dessen soll uns jene verräterische Inkonsistenz des Rechtsbegriffs interessieren, welche an dieser Stelle hervortritt. Wenn die ganz herrschende Auffassung feststellt, die Theorie von einem vorrechtlichen Gewaltverhältnis sei im Rechtsstaat der Gegenwart nicht mehr haltbar[173], nimmt sie – zumindest stillschweigend – an, dass ein solches vorrechtliches Gewaltverhältnis für die Zeit vor der Entstehung des Rechtsstaates vorstellbar sei. Zugleich jedoch zögert sie nicht, das behördliche Handeln zur Zeit des Absolutismus oder des frühkonstitutionellen Staates ebenso wie die Verwaltungsmaßnahmen in totalitären Systemen als ‚öffentlich-rechtlich' zu charakterisieren, sobald sie den Blick darauf richtet. Mit anderen Worten: einerseits ist man bereit, die Lehre vom vorrechtlichen Gewaltverhältnis gelten zu lassen, soweit man es mit Rechtsordnungen zu tun hat, die nicht dem Begriff des Rechtsstaats genügen; andererseits setzt man wie die alte ius-politiae-Lehre das öffentliche Recht mit der Staatsgewalt gleich. Wer auf die innere Konsistenz des Rechtsbegriffs achtet, wird dies zwangsläufig als widersprüchlich empfinden: im souveränen Staat muss das Recht zu herrschen entweder ein wirkliches Recht sein (dann konnte es so etwas wie ein vorrechtliches Gewaltverhältnis auch in früheren Zeiten nicht geben) – oder es trug die Bezeichnung ‚ius' schon

---

[172] Siehe dazu oben: Erstes Kapitel, IV.1.a.
[173] Siehe dazu oben: Erstes Kapitel, IV.2.

damals zu Unrecht.[174] Soweit man den oben dargestellten Überlegungen folgt, wonach man es nur dann mit rechtlichen Normen zu tun hat, wenn diese geeignet erscheinen, im Falle der bestrittenen Rechtsbehauptung als richterlicher Entscheidungsmaßstab zu dienen, kann nur die zuletzt erwähnte Annahme – das hoheitliche Gewaltverhältnis stellt als solches etwas unabhängig vom Recht Existierendes dar – stichhaltig sein.

2. Die Auswirkungen der Verrechtlichung auf das Verhältnis von öffentlichem Recht und Privatrecht

Die bisherigen Erkenntnisse über die Beschaffenheit der hoheitlichen Gewalt und deren Verrechtlichung im demokratischen Rechtsstaat wirken sich auch auf die rechtswissenschaftliche Behandlung des Verhältnisses von öffentlichem und privatem Recht aus. Was in der Vergangenheit als Abgrenzung des öffentlichen Rechts vom Privatrecht diskutiert worden war, kam häufig einer Entscheidung über den Umfang der Verrechtlichung gleich, war in Wirklichkeit also eine Abgrenzung von Recht und Nichtrecht. Den daraus sich ergebenden Konsequenzen widmet sich das Dritte Kapitel unserer Studie. Eines sei jedoch schon an dieser Stelle bemerkt: je besser eine rechtsstaatliche Kontrolle der staatlichen Tätigkeit etabliert ist, desto stärker gewinnt die Unterscheidung von öffentlichem Recht und Privatrecht den Charakter einer rechtstechnischen Frage, die insbesondere bei der Klärung von Zuständigkeitsproblemen gelöst werden muss.[175] Hinzu kommt, dass der inhaltliche Gegensatz zwischen beiden Rechtsgebieten um so schwächer ausgeprägt ist, je stärker sich das Verwaltungsrecht zu

---

[174] Sehr klar zeigt sich dieser Widerspruch z. B. bei *Bernhard Kempen* (Die Formenwahlfreiheit der Verwaltung, 1989, S. 10), wenn es heißt, dass das öffentliche Recht in einem rechtsfreien Raum gewirkt habe (wobei das Wort „rechtsfrei" in Anführungszeichen gesetzt ist). Recht im rechtsfreien Raum ist nur denkbar, wenn man den Begriff ‚Recht' in zweierlei Sinne gebraucht (vgl. dazu auch *Ludwig Schöne*, Privatrecht und Öffentliches Recht, 1955, S. 30). Ähnliche Schwierigkeiten ergaben sich bei der Beschäftigung mit dem sowjetischen Recht, wenn hierzu gesagt worden ist, „eine konsequent ‚öffentlich-rechtliche' Ordnung, wie sie die kommunistische nach ihrem ideologischen Konzept konsequenterweise sein müßte", benötige „kein ‚Recht' im eigentlichen Sinne" (so *Dieter Pfaff*, ZVglRWiss 70 [1968], 129, 215 – wiederum mit Anführungszeichen bei den Wörtern „öffentlich-rechtlich" und „Recht"). Die Rede von einer öffentlich-rechtlichen Ordnung ohne Recht ist schon aus begrifflichen Gründen ein Unding; in der Sache verdeckt sie – mehr schlecht als recht – die nichtjuristische Beschaffenheit der hoheitlichen Gewalt.

[175] Siehe dazu oben: Erstes Kapitel, II.; vgl. ferner *Arthur Loeb*, Öffentliches Recht – Privatrecht – Sozialrecht, 1930, S. 22.

einem eigenständigen Rechtsbereich mit vollständig ausgebautem Instrumentarium entwickelt.[176] Einzelne Autoren empfanden das als paradox[177] – bei näherer Betrachtung handelt es sich jedoch um die unmittelbare und keineswegs überraschende Folge der Anwendung originär juristischer Maßstäbe und Kategorien auf das staatliche Handeln.[178] Für die Unterscheidung des öffentlichen Rechts vom Privatrecht erscheinen mit diesen Entwicklungen eine gute und eine schlechte Nachricht verbunden. Die schlechte Nachricht ist darin zu sehen, dass sich die Abgrenzung aufgrund der zunehmenden Verwobenheit beider Gebiete, die maßgeblich aus ihrer wechselseitigen inhaltlichen Annäherung herrührt, immer häufiger als problematisch erweist – hier genügt es, an neuere Rechtsgebiete wie das Energierecht oder das Telekommunikationsrecht zu denken. Die gute der beiden Nachrichten lautet, dass es aus juristischer Sicht immer seltener auf diese Abgrenzung ankommt.[179] Probleme der gerichtlichen oder behördlichen Zuständigkeit werden heutzutage ebenso wie der Anwendungsbereich des Gesetzes meist unmissverständlich geregelt[180] – den letzten großen Streitfall dieser Art stellte das Vergaberecht dar.[181]

3. Das Verhältnis des öffentlichen Rechts zum Privatrecht angesichts neuer Herausforderungen bei der Abgrenzung von Recht und Nichtrecht

Wenn es in jüngerer Zeit komplizierter geworden ist, öffentliches und privates Recht zu unterscheiden, hat dies nicht zuletzt etwas damit zu tun, dass die Abgrenzung des Rechts von anderen Formen der Normativität weniger

---

[176] Siehe dazu *Fritz Baur*, JZ 1963, 41, 45; vgl. ferner *Heinrich de Wall*, Die Anwendbarkeit privatrechtlicher Vorschriften im Verwaltungsrecht, 1999, S. 31 ff.

[177] So *Martin Bullinger*, in: Festschrift für Fritz Rittner, 1991, S. 69, 76.

[178] Indem er sich für die konsequente Verselbständigung des Verwaltungsrechts gegenüber dem Zivilrecht stark gemacht hat, wirkte *Otto Mayer* einer solchen Anwendung originär juristischer Maßstäbe und Kategorien auf das staatliche Handeln ein Stück weit entgegen. Die Rolle, die er bei der Herausbildung eines rechtsstaatlichen Verwaltungsrechtes gespielt hat, erscheint insofern ambivalenter, als man dies häufig annimmt. Zur Bedeutung *Otto Mayers* für die Etablierung der Verwaltungsrechtswissenschaft siehe *Michael Stolleis*, Geschichte des öffentlichen Rechts in Deutschland, Zweiter Band, 1992, S. 403 ff.; *Dieter Wyduckel*, Ius Publicum, 1984, S. 267 ff.

[179] *Michael Stolleis*, in: Hoffmann-Riem/Schmidt-Aßmann (Hrsg.), Öffentliches Recht und Privatrecht als wechselseitige Auffangordnungen, 1997, S. 41, 59.

[180] Mitunter kommt der Gesetzgeber nicht umhin, hierfür auf die Begriffe ‚bürgerlich-rechtlich' oder ‚öffentlich-rechtlich' zurückzugreifen; vgl. z. B. § 102 EnWG.

[181] Siehe dazu *Dirk Ehlers/Jens-Peter Schneider*, in: Schoch/Schneider/Bier (Hrsg.), Verwaltungsgerichtsordnung, Loseblatt (Stand: Mai 2018), Rnrn. 307 ff. zu § 40.

klar als früher erscheint.[182] Die alte, bereits oben angerissene Frage, wie sich die Abgrenzung des öffentlichen Rechts vom Privatrecht zur Unterscheidung von Recht und Nichtrecht verhält, ist keineswegs obsolet, sondern stellt sich dringender als je zuvor – nur präsentiert sie sich heute in anderer Weise. Ebenso wie das öffentliche Recht wird auch das Privatrecht von Normativitäten ohne Rechtsqualität in der Gestalt von Compliance-Standards, Empfehlungen, Leitlinien, Programmnormen, Kodizes und Farbbüchern bedrängt, die von ganz unterschiedlichen Akteuren der internationalen, der europäischen und der innerstaatlichen Gemeinschaft herrühren.[183] Diesen und ähnlichen Normen ist gemeinsam, dass sie nicht als normative Maßstäbe bei der Entscheidung eines mit amtlicher Autorität ausgestatteten Richters fungieren[184] – dies schließt sie aus dem Rechtsbegriff aus. Für die Lage des öffentlichen Rechts erweist es sich dabei als misslich, dass man nie gelernt hat, derartige Erscheinungsformen einer nichtrechtlichen Normativität von denjenigen Normen des Staats- und Verwaltungsrechts zu unterscheiden, die das Prädikat des Rechtlichen tatsächlich verdienen – so scheint es, als vertreibe das öffentliche Recht das Privatrecht aus seinen angestammten Bereichen.[185] Immer wieder lastet man dem öffentlichen Recht Entwicklungen an, mit denen es nichts zu tun hat – ja mehr noch: durch die es selbst in Gefahr schwebt. Hier gilt es sich davor zu hüten, zusammen mit den vermeintlichen auch die originär juristischen Strukturen des öffentlichen Rechts zu bekämpfen. Die Dogmatik des öffentlichen Rechts und des Zivilrechts sitzen zumindest an dieser Stelle in einem Boot: wenn man nur solchen Bestimmungen Rechtsqualität zuerkennt, die dazu geeignet erscheinen, im Streitfall als richterlicher Entscheidungsmaßstab zu dienen, wird offenkundig, wie prekär die Situation eines originär juristischen Denkens in beiden Rechtsgebieten erscheint. Worauf läuft es hinaus, wenn sowohl das öffentliche Recht als auch das private Recht von Normativitäten zurückgedrängt werden, die reine „Steuerung" sind?

---

182 Von „Übergängen und Grauzonen" zwischen „Recht und Nicht-Recht" spricht *Dieter Grimm*, Das Öffentliche Recht vor der Frage nach seiner Identität, 2012, S. 52.

183 Vgl. dazu auch *Gralf-Peter Calliess*, in: Riesenhuber (Hrsg.), Rechtsangleichung: Grundlagen, Methoden, Inhalte, 2011, S. 115, 119 f.; *Peter-Christian Müller-Graff*, in: Iliopoulos-Strangas/Flauss (Hrsg.), Das soft law der europäischen Organisationen, 2012, S. 139, 146 ff.

184 Siehe dazu auch *Stefan Haack*, Rechtstheorie 46 (2015), 281, 305 ff.

185 Vgl. *Heinrich Honsell*, in: J. von Staudingers Kommentar zum Bürgerlichen Gesetzbuch mit Einführungsgesetz und Nebengesetzen, Neubearbeitung 2018, Einl. zum BGB Rn. 113.

Drittes Kapitel

Rechtsdogmatische Korrekturen

„Ohne öffentliche Gewalt kein öffentliches Recht."
(*Karl August Bettermann*, in: Festschrift für Walter Reimers, 1979)

I. Der Gegenstand einer Qualifizierung als öffentlich-rechtlich

1. Die Relevanz der Eigenschaft ‚öffentlich-rechtlich' bei Normen, Ansprüchen und Rechtsverhältnissen

Wie im Zweiten Kapitel erläutert, leidet die Unterscheidung von öffentlichem und privatem Recht bis in die Gegenwart hinein an dem Fehler, dass man diese Differenzierung mit einer ganz anderen Dichotomie verwechselt und gleichgesetzt hat: gemeint ist die Unterscheidung von Recht und Nichtrecht. Warum es geboten erscheint, beides streng auseinanderzuhalten und auf welche Weise dieses erreicht werden kann, ist bereits dargelegt worden[186]: im Kern kommt es auf eine Schärfung des Rechtsbegriffs an, die beim Rechtskonflikt als der juristischen Ur-Situation im Sinne einer bestrittenen Rechtsbehauptung und den subjektiven Rechten, die dabei geltend zu machen sind, ansetzen muss. Recht ist hiernach nur das, was in einer solchen richterlichen Entscheidungssituation als normativer Maßstab zu fungieren vermag.[187] Für ein juristisches Denken, das die bestrittene Rechtsbehauptung in der zuvor beschriebenen Weise zu seinem Dreh- und Angelpunkt wählt, ergibt es von vornherein keinen Sinn, mühevoll zu ergründen, ob sich die gesamte rechtliche Ordnung in das binäre Schema von öffentlichem und privatem Recht einteilen lässt. Wenn es gilt, juristische Begriffe und Kategorien konsequent vom Rechtsanspruch her zu entwickeln, ist richtigerweise zu fragen, ob (und wenn ja: wie) sich subjektive Rechte anhand des Entweder-Oder von öffentlichem und privatem Recht unterscheiden. Die Differenzierung von öffentlichem und privatem Recht bezieht sich

[186] Siehe dazu oben: Erstes Kapitel, IV.1.
[187] Siehe dazu oben: Erstes Kapitel, II.

somit zwar auf eine Eigenschaft rechtlicher Normen[188], ist jedoch auf subjektive Rechtspositionen beschränkt.[189] Im Hinblick auf die Beschaffenheit von Rechtsnormen ergibt sich daraus, dass objektiv-rechtliche Sätze weder als öffentlich-rechtlich noch als privatrechtlich qualifiziert werden können – hierauf kommt der nächste Abschnitt zurück.[190]

Zu beachten ist darüber hinaus, dass die Qualifikation von subjektiven Rechten nicht mit einer Qualifikation von diffusen[191] ‚Rechtsverhältnissen' gleichgesetzt werden darf.[192] Zwar trifft es zu, dass ein bestehendes subjektives Recht ein Rechtsverhältnis erzeugt, von dem sich annehmen lässt, dass es die rechtliche Natur des zugrunde liegenden Rechtsanspruchs teilt – gleichwohl ist aus verschiedenen, dem Leser hier und andernorts[193] unterbreiteten Gründen von dem Versuch abzuraten, das dogmatische Hauptaugenmerk auf ein derartiges Rechtsverhältnis zu richten.[194] Die Fixierung auf dessen Beschaffenheit lenkt von der Tatsache ab, dass es der (sich aus dem Gesetz ergebende) Rechtsanspruch ist, welcher das Rechtsverhältnis erzeugt – und nicht etwa andersherum: der Anspruch geht nicht aus dem Rechtsverhältnis hervor. Als eigenständige dogmatische Kategorie ist das

---

[188] *Wassilios Skouris*, EuR 1998, 111, 113; *Ernst Wolf*, in: Festschrift für Erich Molitor, 1962, S. 1, 14; *Hans J. Wolff*, AöR 76 (1950/51), 205, 207, 212.

[189] Ebenso (mit gewissen Einschränkungen): *Erich Molitor*, Über öffentliches Recht und Privatrecht, 1949, S. 55; *Jürgen Schwabe*, Die sogenannte Drittwirkung der Grundrechte, 1971, S. 33; *Ernst Wolf*, in: Festschrift für Erich Molitor, 1962, S. 1, 7; vgl. auch *Rolf Stober*, in: Wolff/Bachof/Stober/Kluth, Verwaltungsrecht I, 13. Aufl., 2017, § 22 Rn. 30; zur gegenteiligen Ansicht siehe unten: 2. (mit den Nachweisen in Fn. 197).

[190] Siehe dazu unten: 2.

[191] Zur Vieldeutigkeit dieses Begriffs bereits *Erich Kaufmann*, Autorität und Freiheit. Gesammelte Schriften, Bd. I, 1960, S. 131; *Hans J. Wolff*, AöR 76 (1950/51), 205 f.

[192] *Wassilios Skouris*, EuR 1998, 111, 113; vgl. dazu auch *Franz Bydlinski*, AcP 194 (1994), 319, 336; *Fritz Gygi*, Verwaltungsrecht und Privatrecht, 1956, S. 24 (dort in Fn. 3); *Gerrit Manssen*, Privatrechtsgestaltung durch Hoheitsakt, 1994, S. 58; *Eberhard Schmidt-Aßmann*, in: Hoffmann-Riem/Schmidt-Aßmann (Hrsg.), Öffentliches Recht und Privatrecht als wechselseitige Auffangordnungen, 1997, S. 7, 30 f.; *Wolfgang Siebert*, in: Festschrift für Hans Niedermeyer, 1953, S. 215, 228 f.; *Ernst Wolf*, in: Festschrift für Erich Molitor, 1962, S. 1, 7 ff.; *Hans J. Wolff*, AöR 76 (1950/51), 205 f.; *ders.*, Verwaltungsrecht I, 2. Aufl., 1958, S. 78.

[193] RW 2013, 418, 441 ff.

[194] *Erich Molitor*, Über öffentliches Recht und Privatrecht, 1949, S. 51 ff.; beispielhaft für ein Abstellen auf das Rechtsverhältnis im Kontext der Unterscheidung von öffentlichem Recht und Privatrecht: *Ludwig Renck*, JuS 1986, 268, 270; *Josef Freiherr von Schenk*, ÖZöR 1 (1914), 63, 104; *Heinrich de Wall*, Die Anwendbarkeit privatrechtlicher Vorschriften im Verwaltungsrecht, 1999, S. 24 ff.; *Manfred Zuleeg*, VerwArch 73 (1982), 384, 387 ff. Ausführlich dazu *Ernst Wolf*, in: Festschrift für Erich Molitor, 1962, S. 1, 7 ff.; *Peer Zumbansen*, Ordnungsmuster im modernen Wohlfahrtsstaat, 2000, S. 199 ff.

Rechtsverhältnis, wenn überhaupt, nur bei dauerhaften Vertragsbeziehungen brauchbar.[195]

2. Die Neutralität der rein objektiv-rechtlichen Normen

Genauer zu klären ist die aus den hiesigen Überlegungen sich ergebende Konsequenz, wonach alles rein objektive Recht im Hinblick auf die Unterscheidung von öffentlichem Recht und Privatrecht als neutral eingestuft werden muss. Für die juristische Dogmatik in einem rechtsstaatlichen System, welche die Dichotomie von öffentlichem und privatem Recht lediglich als rechtstechnische Kategorisierung von Anspruchsgrundlagen zur Definition von Anwendungsbereichen und zur Bewältigung von Kompetenzproblemen begreift[196], ergibt es von vornherein keinen Sinn, rein objektiv-rechtliche Normen zu qualifizieren.[197] Dies lässt sich am leichtesten daran erkennen, dass die Verletzung ein und derselben objektiv-rechtlichen Vorschrift gänzlich unterschiedliche Rechtsfolgen auslösen und somit in höchst verschiedenen Rechtskonflikten virulent werden kann.[198] Hierfür denke man beispielsweise an das bauordnungsrechtliche Gebot, Baustellen so einzurichten, dass hierdurch keine Gefahren entstehen[199], oder an das im BNatSchG festgelegte Verbot, Naturdenkmäler zu beeinträchtigen[200] – oder man denke ganz generell an die Normen des Straßenverkehrsrechts[201]: die rechtlichen Zusammenhänge, in denen derartige objektiv-rechtliche Vorschriften relevant werden können, reichen vom ordnungsrechtlichen Buß-

---

[195] Zu einem Negativbeispiel aus der Rechtsprechung des BVerwG, das bezeugt, wohin die Qualifikation von Rechtsverhältnissen führen kann vgl. *Gerrit Manssen*, Privatrechtsgestaltung durch Hoheitsakt, 1994, S. 83.

[196] Siehe dazu oben: Zweites Kapitel, V.2.

[197] Ähnlich *Jürgen Schwabe*, Die sogenannte Drittwirkung der Grundrechte, 1971, S. 31 ff.; *ders.*, DVBl. 2018, 492, 493 (der sich dabei auf die verbreitete, für die Entwicklung eines originär juristischen Denkens eher hinderliche Unterscheidung von Primärnormen und Sekundärnormen bezieht). A. A. *Gerrit Manssen*, Privatrechtsgestaltung durch Hoheitsakt, 1994, S. 57; *Ludwig Renck*, JuS 1986, 268, 269; *Heinrich de Wall*, Die Anwendbarkeit privatrechtlicher Vorschriften im Verwaltungsrecht, 1999, S. 44 ff.; *Hans J. Wolff*, AöR 76 (1950/51), 205, 207.

[198] *Otto Bachof*, in: Festgabe 25 Jahre BVerwG, 1978, S. 1, 13.

[199] So z. B. gemäß § 11 BbgBauO.

[200] So z. B. gemäß § 28 Abs. 2 BNatSchG.

[201] Zu diesem Beispiel *Otto Bachof*, in: Festgabe 25 Jahre BVerwG, 1978, S. 1, 13; *Christian Brückner*, in: Festgabe zum Schweizerischen Juristentag 1985, 1985, S. 35, 40; *Dirk Ehlers*, Verwaltung in Privatrechtsform, 1984, S. 59; *Detlef Schmidt*, Die Unterscheidung von privatem und öffentlichem Recht, 1985, S. 256; *Jürgen Schwabe*, Die sogenannte Drittwirkung der Grundrechte, 1971, S. 34 f.

geld über ein ordnungsbehördliches Einschreiten bis hin zur Unwirksamkeit von privaten Verträgen gemäß § 134 BGB[202] oder einer deliktischen Haftung aus § 823 Abs. 2 BGB[203]; sie reichen, prozessual gesehen, vom Ordnungswidrigkeitenverfahren über die verwaltungsgerichtliche Anfechtungsklage bis hin zu Zivilprozessen über Vertragserfüllung und Schadensersatz.[204] Die Gebote des objektiven Rechts richten sich in all diesen Fällen vorwiegend an den Privaten, ohne dass sich daraus ihre privatrechtliche Natur im Sinne der traditionellen Einteilung herleiten ließe.[205]

Eine Qualifikation rein objektiv-rechtlicher Normen stellt sich aus dogmatischer Sicht nicht nur als unmöglich, sondern auch als unnötig dar. Insbesondere verbietet es sich, aus dem vermeintlich privatrechtlichen oder öffentlich-rechtlichen Charakter eines objektiv-rechtlichen Satzes Rückschlüsse auf dessen persönlichen Anwendungsbereich abzuleiten. Ebenso wenig wie der öffentlich-rechtliche Charakter des Bauordnungsrechts (um eine solche Redeweise hier noch einmal unhinterfragt zu verwenden) irgendeine Schlussfolgerung auf den persönlichen Anwendungsbereich der beispielhaft erwähnten Sicherungspflicht bei Baustellen zulässt, vermag der Rechtsanwender aus dem privatrechtlichen Charakter des BGB ein Pauschalurteil über die Anwendbarkeit von objektiv-rechtlichen Normen aus dem Bereich der vertraglichen Schuldverhältnisse oder des Deliktsrechts zu

---

[202] *Hans-Heinrich Trute*, in: Hoffmann-Riem/Schmidt-Aßmann (Hrsg.), Öffentliches Recht und Privatrecht als wechselseitige Auffangordnungen, 1997, S. 167, 180.

[203] *Jürgen Schwabe* (DVBl. 2018, 492) weist zu Recht darauf hin, dass es in der Regel unnötig sei, Schutzgesetze i. S. v. § 823 Abs. 2 BGB als öffentlich-rechtlich oder privatrechtlich zu qualifizieren. Vgl. dazu auch *Hans-Heinrich Trute*, in: Hoffmann-Riem/Schmidt-Aßmann (Hrsg.), Öffentliches Recht und Privatrecht als wechselseitige Auffangordnungen, 1997, S. 167, 187 f.

[204] Siehe dazu auch *Hans Nawiasky*, Allgemeine Rechtslehre, 2. Aufl., 1948, S. 304 f.; *Josef Freiherr von Schenk*, ÖZöR 1 (1914), 63, 105; *Jürgen Schwabe*, Die sogenannte Drittwirkung der Grundrechte, 1971, S. 31 ff.; *ders.*, DVBl. 2018, 492, 493 f.

[205] Es ist der herrschenden Subjektstheorie durchaus aufgefallen, dass derartige Vorschriften in erster Linie an den einzelnen adressiert sind; gleichwohl hat man – ohne um diesen Punkt ein größeres dogmatisches Federlesen zu machen – entsprechende Rechtsgebiete pauschal als ‚öffentliches Recht' eingeordnet. Wo man sich darum bemüht hat, diese Zuordnung zu begründen, ist meist auf die Straf- und Bußgeldbewehrung abgestellt worden; vgl. *Otto Bachof*, in: Festgabe 25 Jahre BVerwG, 1978, S. 1, 13; *Gerrit Manssen*, Privatrechtsgestaltung durch Hoheitsakt, 1994, S. 64; *Detlef Schmidt*, Die Unterscheidung von privatem und öffentlichem Recht, 1985, S. 256. Diese Anknüpfung lässt sich indes leicht entkräften: steht nicht zum Teil auch die vorsätzliche Missachtung privater Vertragspflichten unter Strafe – zum Beispiel als Betrug gemäß § 263 StGB? Ähnlich wie hier *Dirk Ehlers*, Verwaltung in Privatrechtsform, 1984, S. 60 (dort in Fn. 46); *Jürgen Schwabe*, Die sogenannte Drittwirkung der Grundrechte, 1971, S. 44.

gewinnen. Bei der praktischen juristischen Arbeit gelangt man ebenso wie bei einer rechtsdogmatischen Lehre, die vom Rechtskonflikt ausgeht, immer erst dann zu der Frage, an wen sich rein objektiv-rechtliche Vorschriften richten, wenn von einer geltend gemachten subjektiven Rechtsposition her der persönliche Anwendungsbereich der objektiv-rechtlichen Sätze geklärt werden muss. Dies hat im Wege einer methodengerechten Auslegung zu erfolgen; hierbei spielen auch die Gesetzgebungskompetenzen im Bundesstaat eine Rolle. Die Qualifikation als privatrechtlich oder als öffentlich-rechtlich tut dabei im Regelfall nichts zur Sache.[206]

II. Kriterien zur Unterscheidung von öffentlichem Recht und Privatrecht: zum inneren Zusammenhang der Subordination mit der sonderrechtlichen Qualität öffentlich-rechtlicher Normen

1. Der richtige Kern der Sonderrechtstheorie: die Konzentration auf den Hoheitsträger als Rechtssubjekt und dessen Verpflichtung oder Berechtigung ‚als ein solcher'

a. Möglichkeiten und Tragweite einer grundlegenden Untergliederung des Rechtsstoffs nach Normadressaten

Wenn es um ein Kriterium für die rechtstechnische Unterscheidung jener zwei Kategorien von Anspruchsgrundlagen geht, die man mit dem Begriffspaar des ‚öffentlichen Rechts' und des ‚Privatrechts' bezeichnet, hat die erste Überlegung den Normadressaten zu gelten[207], da – wie oben gezeigt worden ist[208] – alles Recht das Sonderrecht von Personen darstellt oder mit diesem zumindest in Zusammenhang steht. Ließe sich nicht sogar sa-

---

[206] Auch der Umstand, dass Art. 74 Abs. 1 Nr. 1 GG vom ‚bürgerlichen Recht' spricht, zwingt keineswegs dazu, objektiv-rechtliche Normen als öffentlich-rechtlich oder privatrechtlich zu qualifizieren. Der Begriff des bürgerlichen Rechts, von dem in dieser Vorschrift die Rede ist, bezieht sich gerade nicht auf die dogmatisch-sachliche Unterscheidung von öffentlichem und privatem Recht, sondern ist – wie andere kompetenzrechtliche Begriffe auch – anhand des traditionellen Bilds zu bestimmen; siehe hierfür statt vieler *Christian Seiler*, in: Epping/Hillgruber (Hrsg.), BeckOK Grundgesetz, 39. Ed., 2018, Rn. 2 zu Art. 74. Zur Möglichkeit des Gesetzgebers, den Begriffen ‚öffentlich-rechtlich' und ‚privatrechtlich' oder ‚bürgerlich-rechtlich' in gewissen Kontexten einen besonderen Sinn beizulegen, der vom gängigen juristischen Verständnis abweichen kann, siehe unten in Fn. 269.

[207] Vgl. *Hans J. Wolff*, AöR 76 (1950/51), 205, 208.

[208] Siehe dazu oben: Erstes Kapitel, III.2.

gen, dass beinahe alle grundlegenden Untergliederungen des Rechtsstoffs – wie zum Beispiel ‚öffentliches Recht' und ‚Privatrecht', ‚Verfassungsrecht' und ‚einfaches Recht', ‚zwischenstaatliches Recht' und ‚innerstaatliches Recht' – stärker als auf jedes andere Kriterium auf die Adressaten der entsprechenden Normen und somit auf deren Sonderrechtscharakter abzielen, sofern sie rechtsdogmatische (und nicht allein didaktische oder rechtssoziologische) Relevanz haben sollen?[209] So gesehen, kann die rechtliche Ordnung anhand verschiedenster auf die Normadressaten bezogener Gegenüberstellungen eingeteilt werden: diese oder jene Anspruchsgrundlagen berechtigen den Hoheitsträger als einen solchen; diese oder jene Anspruchsgrundlagen berechtigen ein Verfassungsorgan als ein solches; diese oder jene Anspruchsgrundlagen berechtigen den Verbraucher als einen solchen – und so fort. Die Gesamtheit der jeweiligen Sonderrechtsnormen lässt sich dann als Rechtsgebiet ‚öffentliches Recht', ‚Verfassungsrecht' bzw. ‚Verbraucherrecht' definieren. Dies schließt es keineswegs aus, entsprechende Begriffe auf andere Weise zu bilden[210], wie zum Beispiel den Begriff des Verfassungsrechts anhand des normhierarchischen Vorrangs, der gewissen Bestimmungen zukommt, oder den Begriff des Verbraucherrechts aufgrund der Zielsetzung von verschiedenen Regelungswerken. Wo es sich darum handelt, zur Abgrenzung von Anwendungsbereichen und zur Bestimmung von Zuständigkeiten Anspruchsgrundlagen zu qualifizieren, liegt es gleichwohl am nächsten, diese Begriffe von jenen Subjekten her zu definieren[211], die hierdurch berechtigt oder verpflichtet erscheinen.[212] Will

---

[209] Siehe dazu auch *Detlef Schmidt*, Die Unterscheidung von privatem und öffentlichem Recht, 1985, S. 246 f.

[210] Vgl. dazu auch *Alfons Gern*, ZRP 1985, 56, 58; *Detlef Schmidt*, Die Unterscheidung von privatem und öffentlichem Recht, 1985, S. 230.

[211] *Hans J. Wolff*, AöR 76 (1959/51), 205, 208 f.

[212] Es lohnt sich an dieser Stelle, einen Blick in die Arbeiten eines Autors zu werfen, dem die Einteilung der Rechtsordnung in öffentliches Recht und Privatrecht suspekt war – gemeint ist *John Austin*. Auch *Austin* kam nicht umhin anzuerkennen, dass der Souverän über Sonderrechte verfügt, die er bezeichnenderweise dem „Law of Persons" zuordnete. Wenn man diesem Gedankengang folgt (der eine gewisse Ähnlichkeit zu den hiesigen Lehren besitzt), erweist sich das „Law of Persons" als diejenige Kategorie, welche alle wesentlichen Unterteilungen des Rechtsstoffs in sich aufnehmen kann. Im Falle von *John Austin* sind freilich die Besonderheiten der britischen Perspektive, die mit der Beschaffenheit des Common Law zusammenhängen, zu berücksichtigen. Vgl. zum Ganzen *John Austin*, Lectures on Jurisprudence, 5. Aufl., Bd. II, 1885, S. 746 ff. Zum bleibenden Wert der Lehren von *John Austin* für die Behandlung der Dichotomie von öffentlichem und privatem Recht (über die britische Rechtswissenschaft hinaus) siehe *Sten Gagnér*, in: von Caemmerer/Zweigert (Hrsg.), Deutsche Landesreferate zum III. Internationalen Kongress für Rechtsvergleichung in Uppsala 1966, 1967, S. 23, 49.

der Gesetzgeber – aus welchen Gründen auch immer – die Bezeichnung eines Rechtsgebietes in einem anderen Sinne aufgefasst wissen, liegt es in seinen Händen, dies durch entsprechende Hinweise deutlich zu machen.[213]

b. Die Klassifizierung von Rechtssubjekten anhand der Erzeugung (formelles Kriterium)

Plausibilität und Praktikabilität jeder Art von Sonderrechtstheorie hängen maßgeblich davon ab, inwieweit es gelingt, Kriterien zur Einteilung und Abgrenzung der relevanten Subjekte zu finden.[214] Eine weit verbreitete Ansicht stellt dabei – im Anschluss an *Hans J. Wolff*[215] – auf die Entstehung des Rechtssubjekts ab: das wesentliche Kennzeichen eines Trägers von öffentlichem Sonderrecht sei in der Tatsache zu finden, dass seine Existenz auf einem staatlichen Rechtsakt beruht.[216] Indem danach differenziert wird, von wem ein bestimmtes Rechtssubjekt erzeugt worden ist bzw. von wem Rechtssubjekte dieser Art erzeugt werden können, richtet sich der Blick auf den Gesichtspunkt, dass sich die Existenz sämtlicher Subjekte des innerstaatlichen Rechts auf das Tätigsein einer Reihe von elementaren Akteuren zurückführen lässt: staatliche Rechtssubjekte leiten ihre Existenzberechtigung und ihr Dasein (unmittelbar oder über eine Reihe von Zwischenschritten) vom Willen der Verfassungsorgane ab; demgegenüber beruhen die juristischen Personen des Privatrechts (unmittelbar oder über eine Reihe von Zwischenschritten) auf dem Freiheitsgebrauch des einzelnen Menschen. Durch eine solche Bezugnahme auf die Genese lässt sich in einer formellen (und somit leicht handhabbaren) Weise erkennen, welcher rechtlichen Sphäre bestimmte Rechtssubjekte entstammen[217]: privatrechtliche Vereine rühren ebenso wie privatautonom gegründete Handelsgesellschaften im Regelfall aus der Sphäre des einzelnen her; Körperschaften des öf-

[213] So benennen z.B. § 5a Abs. 2 DRiG und § 3 Abs. 2 BbgJAG bestimmte Rechtsgebiete als Bestandteile des juristischen Studiums – hier ist anzunehmen, dass zur Abgrenzung dieser Fächer an die akademische Tradition angeknüpft werden soll. Vgl. dazu auch *Johann-Friedrich Staats*, Deutsches Richtergesetz, 2012, Rn. 7 zu § 5a. – Zu Art. 74 Abs. 1 Nr. 1 GG siehe die Anmerkung in Fn. 206.

[214] Eingehend dazu *Detlef Schmidt*, Die Unterscheidung von privatem und öffentlichem Recht, 1985, S. 117 ff.

[215] AöR 76 (1950/51), 205, 209.

[216] Kritisch dazu *Otto Bachof*, in: Festgabe 25 Jahre BVerwG, 1978, S. 1, 10; *Dirk Ehlers*, Verwaltung in Privatrechtsform, 1984, S. 58; *Gerrit Manssen*, Privatrechtsgestaltung durch Hoheitsakt, 1994, S. 61; *Detlef Schmidt*, Die Unterscheidung von privatem und öffentlichem Recht, 1985, S. 122 ff.

[217] Vgl. *Franz Bydlinski*, AcP 194 (1994), 319, 333 f.

fentlichen Rechts entstehen in der rechtlichen Sphäre des Staates. Es ist theoretisch möglich, die Frage der Entstehung für sich genommen als Anknüpfungspunkt zur Klassifizierung von Sonderrechten zu wählen: öffentliches Recht wäre dann das Sonderrecht aller durch staatlichen Rechtsakt erzeugten Subjekte.

Nichtsdestoweniger sprechen verschiedene Gründe dagegen, sich mit dieser Betrachtungsweise zufriedenzugeben. Ein wesentliches Problem besteht darin, dass die Rechtsordnung den Staat in weitem Umfang ermächtigt hat, privatrechtlich zu agieren, wozu auch die Gründung von juristischen Personen des Privatrechts gehört.[218] Obgleich sich einwenden lässt, dass bei einer formellen Betrachtungsweise die meisten der auf diese Art hervorgebrachten Subjekte (wie zum Beispiel kommunale GmbHs) nicht auf einem staatlichen Rechtsakt, sondern auf einer (vom Staat abgegebenen) privatrechtlichen Willenserklärung beruhen, bleiben Zweifelsfälle bestehen: man denke an die gesetzlich angeordnete Gründung einer Aktiengesellschaft, wie sie im Falle der Deutschen Bahn AG zu beobachten war[219] – hier darf man durchaus von der Erzeugung eines Rechtssubjekts durch einen staatlichen Rechtsakt ausgehen, ohne dass dieses ein Träger von öffentlichem Sonderrecht sein kann (es sei denn um den Preis, jenen Begriff seines rechtswissenschaftlichen Werts zu berauben). Auch lassen sich anders gelagerte Fälle denken und finden, deren Einordnung unbefriedigend wäre – als erhellendes Beispiel hierfür seien die Sparkassen[220] erwähnt, die ungeachtet ihrer Gründung durch staatlichen Rechtsakt[221] keinerlei Verwaltungsaufgaben erfüllen und deshalb keine Träger von öffentlichen Sonderrechten sein können. In diesen Zusammenhängen wird der eigentliche Grund dafür deutlich, weshalb eine Klassifizierung von Rechtssubjekten anhand eines formellen Kriteriums für die Einteilung der rechtlichen Ordnung in Sonderrechte nicht ausreicht: Rechtssubjekte werden um bestimmter Zwecke willen geschaffen und im Hinblick darauf mit Befugnissen ausgestattet. Was zum Sonderrecht einer bestimmten Kategorie von Rechtssubjekten gehört, lässt sich nur von ihrem Daseinszweck her erfassen. Zum

---

[218] Wir kommen auf diesen Fragenkreis an späterer Stelle zurück; siehe dazu unten: IV.2.

[219] Siehe dazu *Sina Stamm*, Eisenbahnverfassung und Bahnprivatisierung, 2010, S. 117f. (m. w. N.).

[220] Siehe dazu nochmals unten: d.

[221] Gemäß § 1 BbgSpkG können Sparkassen von Landkreisen, kreisfreien Städten oder den von ihnen gebildeten Zweckverbänden in der Rechtsform einer Anstalt des öffentlichen Rechts errichtet werden.

formellen Kriterium der Erzeugung muss daher als Korrektiv ein materielles Abgrenzungsmerkmal hinzugefügt werden. Dieses materielle Kriterium bildet die Frage nach dem originären Betätigungsfeld der entsprechenden Rechtssubjekte.

c. Die Klassifizierung von Rechtssubjekten anhand des originären Betätigungsfeldes (materielles Kriterium)

Wer nach dem originären Tätigkeitsbereich eines Rechtssubjekts fragt, muss annehmen, dass so etwas wie ein vorausliegendes Betätigungsfeld existiert, welches durch die Rechtsordnung nicht beliebig kreiert werden kann, sondern lediglich in Bezug zu nehmen ist. Ein flüchtiger Blick auf die Beschaffenheit der rechtlichen Ordnung beweist, dass genau dies der Fall ist: Rechtssubjekte werden meist im Hinblick auf vorfindliche, unabhängig vom Recht anzutreffende Handlungsfelder geschaffen. Gemeinden bestehen im Hinblick auf die Angelegenheiten der örtlichen Gemeinschaft (Art. 28 Abs. 2 GG); Religionsgesellschaften und Kirchen bestehen im Hinblick auf die gemeinsame Ausübung der Religion (Art. 140 GG i. V. m. Art. 137 WRV); Gewerkschaften bestehen im Hinblick auf die Interessen von Arbeitnehmern (Art. 9 Abs. 3 GG); Universitäten bestehen im Hinblick auf Forschung und Lehre (Art. 5 Abs. 3 GG) – diese Aufzählung könnte mühelos fortgesetzt werden. In keinem dieser Fälle ist es die rechtliche Ordnung, welche das Betätigungsfeld der entsprechenden Rechtspersonen erzeugt: örtliche Angelegenheiten, Religionen, Arbeitswelt und Wissenschaften existieren unabhängig vom staatlichen Recht; das Recht nimmt diese Gegebenheiten lediglich in Bezug. Es kreiert die Rechtssubjekte (oder es ermöglicht deren Kreation durch Private) von jenen vorfindlichen Tätigkeitsfeldern her, und mehr noch: es kreiert sie um der konkreten Betätigung willen.

Dem Rekurs auf das originäre Betätigungsfeld gelingt dabei etwas, was das formelle Kriterium der Erzeugung von vornherein nicht zu leisten vermag: er grenzt das Sonderrecht einer Person von denjenigen Rechtsansprüchen ab, welche ihr die Rechtsordnung nur ausnahmsweise zubilligt (weil es sich dabei um fremdes Sonderrecht, sprich: um das Recht zur Regelung eines wesensfremden Betätigungsfeldes handelt).[222] Genau darum geht es, wenn man bei der Definition von Sonderrechten nur diejenigen Rechtspo-

[222] Entgegen einer öfters formulierten Kritik ist diese Unterscheidung durchaus möglich, wie im folgenden näher erklärt werden soll. Siehe zu diesem Einwand beispielsweise *Otto Bachof*, in: Festgabe 25 Jahre BVerwG, 1978, S. 1, 14 f.

sitionen in Betracht ziehen will, welche das jeweilige Rechtssubjekt gerade in seiner Eigenschaft ‚als solches' wahrnimmt; man spricht von den Rechten, die der Staat ‚in seiner Eigenschaft als solcher' innehat[223], ebenso wie in anderen juristischen Zusammenhängen von denjenigen Rechten die Rede ist, die ein Verfassungsorgan ‚in seiner Eigenschaft als solches'[224] oder ein Arbeitnehmer ‚in seiner Eigenschaft als solcher'[225] ausübt. Ohne die Annahme eines vorausliegenden Tätigkeitsfeldes müsste die Formulierung ‚in seiner Eigenschaft als solcher' in all diesen Zusammenhängen bedenklich, wenn nicht sogar sinnlos erscheinen.

Für die Definition des öffentlichen Rechts als Sonderrecht des Staates kommt es folglich darauf an, dessen originäres Betätigungsfeld zu erfassen. Dies ist – wie sollte es anders sein? – die Ausübung der hoheitlichen Gewalt. Da das öffentliche Recht die hoheitliche Gewalt nicht begründet, sondern reglementiert und beschränkt, liegt auch in diesem Fall das Betätigungsfeld der rechtlichen Ordnung voraus. Eine Definition des öffentlichen Rechts, die sich hierauf bezieht, läuft deshalb – anders als oftmals gesagt wird[226] – nicht auf eine petitio principii hinaus. Wo Rechtsnormen und Rechtsdogmatik den Begriff des Hoheitsträgers voraussetzen oder verwenden, nehmen sie die maßgeblichen Akteure einer unabhängig vom Recht bestehenden Gegebenheit in Bezug – ebenso wie sich das Familienrecht auf die Familie und das Religionsverfassungsrecht auf die Glaubensgemeinschaft als vorrechtliche Gegebenheiten beziehen. Die Redewendung vom Hoheitsträger ‚in seiner Eigenschaft als ein solcher' kann danach nur meinen, dass es gerade um diese Betätigung als Träger einer vorausliegenden, mittels des zu prüfenden Anspruchs verrechtlichten hoheitlichen Gewalt geht.[227] Die immensen Schwierigkeiten, mit denen sich die modifizierte

[223] Eingehend dazu *Otto Bachof*, in: Festgabe 25 Jahre BVerwG, 1978, S. 1, 9; *Martin Burgi*, in: Hoffmann-Riem/Schmidt-Aßmann/Voßkuhle (Hrsg.), Grundlagen des Verwaltungsrechts, 2. Aufl., Bd. I, 2012, § 18 Rn. 21; *Dirk Ehlers*, Verwaltung in Privatrechtsform, 1984, S. 62; vgl. auch *Theodor Tomandl*, in: Zur Erneuerung der Struktur der Rechtsordnung, 1970, S. 66, 68.

[224] Vgl. *Dirk Ehlers/Jens-Peter Schneider*, in: Schoch/Schneider/Bier (Hrsg.), Verwaltungsgerichtsordnung, Loseblatt (Stand: Mai 2018), Rn. 151 zu § 40.

[225] Vgl. *Georg Annuß*, NJW 2002, 2844.

[226] Vgl. dazu die Nachweise in Fn. 229.

[227] Der Zusatz ‚als solcher', den man meist mit der modifizierten Subjektstheorie in Zusammenhang bringt, ist bereits bei älteren Autoren zu finden. So sprach schon *John Austin* von „power, rights and obligations […] of governors as such" (Lectures on Jurisprudence, Bd. II, 5. Aufl., 1885, S. 757); vgl. auch *Heinz Kummer*, ZGStW 104 (1943), 29, 50 (der eine „modifizierte Subjektstheorie" im heutigen Sinne erwähnt hat). Siehe dazu ferner *Walter Leisner*, JZ 2006, 869, 870 f.

Subjektstheorie bei der Definition des Rechtssubjekts ‚Hoheitsträger' herumschlägt, beruhen zu einem wesentlichen Teil darauf, dass man um jeden Preis vermeiden will, ein solches Vorausliegen der hoheitlichen Gewalt zuzugeben. Hierdurch wird sämtlichen Definitionsversuchen der Boden entzogen. So lange sich die herrschende Auffassung weigert, die unjuristische Beschaffenheit der hoheitlichen Gewalt einzugestehen[228], bleibt der Vorwurf des Zirkelschlusses[229] ihr gegenüber berechtigt.

Hiermit ist ein wesentlicher Zwischenschritt zur Definition des öffentlichen Rechts anhand einer Kombination von Subordinationstheorie und Sonderrechtslehre getan: beim öffentlichen Recht handelt es sich um jene rechtlichen Sätze, welche den staatlichen Hoheitsträger als solchen berechtigen oder verpflichten.[230] Staatliche Hoheitsträger im Sinne dieser Sonderrechtslehre sind diejenigen Rechtssubjekte, die maßgeblich[231] durch einen staatlichen Rechtsakt hervorgebracht wurden und deren originäres Betätigungsfeld die Ausübung der hoheitlichen Gewalt im Verhältnis des Bürgers zum Staat ist. Das Sonderrechtskriterium führt somit auf die Frage des hoheitlichen Gewaltverhältnisses zurück.[232]

d. Zur Bedeutung der formellen Rechtsnatur als ‚juristische Person des öffentlichen Rechts'

Bevor sogleich untersucht werden soll, woran zu erkennen ist, wann man es mit dem hoheitlichen Gewaltverhältnis zu tun hat, sei eine Warnung ge-

---

228 Diesen Zusammenhang erkennt *Hans-Uwe Erichsen*, Jura 1982, 537, 539.

229 So z. B. *Norbert Achterberg*, Allgemeines Verwaltungsrecht, 2. Aufl., 1986, § 1 Rn. 17; *Dirk Ehlers*, Verwaltung in Privatrechtsform, 1984, S. 56 (dort in Fn. 22); *Detlef Schmidt*, Die Unterscheidung von privatem und öffentlichem Recht, 1985, S. 253; vgl. auch *Walter Leisner*, JZ 2006, 896, 871 f.; *Dieter Wyduckel*, in: Krawietz/Schelsky (Hrsg.), Rechtssystem und gesellschaftliche Basis bei Hans Kelsen, 1984, S. 113, 127.

230 Siehe hierfür statt vieler *Wassilios Skouris*, EuR 1998, 111, 113; vgl. bereits *John Austin*, Lectures on Jurisprudence, 5. Aufl., Bd. II, 1885, S. 757.

231 Das Wort ‚maßgeblich' wird an dieser Stelle verwendet, um auszudrücken, dass nicht jede Art der staatlichen Mitwirkung bei der Erzeugung eines Rechtssubjekts ausreicht. Das Hinzutreten eines staatlichen Akts (wie z. B. einer Eintragung oder einer Konzession) lässt den privatrechtlichen Charakter des ins Leben gerufenen Rechtssubjekts unberührt, solange der privatautonome Ursprung im Rahmen des Gründungsprozesses erhalten bleibt. Ein Beispiel hierfür bildet § 22 BGB. Zu diesem Problemkreis siehe (z. T. mit abweichendem Standpunkt) *Gerrit Manssen*, Privatrechtsgestaltung durch Hoheitsakt, 1994, S. 61; *Detlef Schmidt*, Die Unterscheidung von privatem und öffentlichem Recht, 1985, S. 123 ff.; *Ludwig Schöne*, Privatrecht und Öffentliches Recht, 1955, S. 74.

232 Vgl. auch *Dieter Grimm*, Das Öffentliche Recht vor der Frage nach seiner Identität, 2012, S. 62 ff.

stattet: der beschwerliche Weg zur Identifizierung der hoheitlichen Gewalt als Trägerin von Sonderrechten, der über die Entstehung und das Betätigungsfeld der entsprechenden Rechtsträger führt, kann nicht durch einen Hinweis auf die Natur des fraglichen Rechtssubjekts als juristische Person des öffentlichen Rechts abgekürzt werden.[233] Öffentliches Recht und Privatrecht lassen sich nicht dadurch unterscheiden, dass man unter dem Begriff des ‚öffentlichen Rechts' das Sonderrecht all jener Rechtssubjekte versteht, welche durch die rechtliche Ordnung in einem formellen Sinne zu juristischen Personen des öffentlichen Rechts erklärt worden sind.[234] Rechtsnatur und Betätigungsfeld divergieren in verschiedenen Konstellationen. Dies betrifft zunächst den Beliehenen[235], den man als Adressaten sonderrechtlicher Normen entgegen der einhelligen Überzeugung in der verwaltungsrechtlichen Lehre aus der Bestimmung des Begriffs ‚öffentliches Recht' ausschließen müsste, soweit man hierbei auf die Rechtsnatur abstellt[236]: ungeachtet ihrer Befugnis, durch Verwaltungsakt tätig zu werden, handelt es sich um Privatrechtssubjekte.[237] Darüber hinaus lassen sich in der rechtlichen Ordnung juristische Personen des öffentlichen Rechts identifizieren, deren originäres Wirkungsfeld gerade nicht im Bereich der hoheitlichen Gewalt liegt.[238] Ein anschauliches Beispiel hierfür stellen die (bereits oben erwähnten[239]) Sparkassen dar, die als Anstalten des öffentlichen Rechts organisiert sind.[240] Während man bei Sparkassen die Befugnis, durch Verwaltungsakt zu agieren, generell ablehnt[241], mag es Einrichtungen geben,

[233] Eine Ausnahme gilt allenfalls für Gebietskörperschaften, die per se Träger öffentlich-rechtlichen Sonderrechts sind; so *Franz Bydlinski*, AcP 194 (1994), 319, 334.

[234] Mit einer abgeschwächten Form dieser Gleichsetzung hat man es zu tun, wenn die formelle Qualifikation als juristische Person des öffentlichen Rechts für die Annahme eines Hoheitsträgers im Sinne der Subjektstheorie ausreichen soll, ohne weitere Erscheinungsformen von diesem Begriff auszuschließen. So sinngemäß *Otto Bachof*, in: Festgabe 25 Jahre BVerwG, 1978, S. 1, 10 f.; *Detlef Schmidt*, Die Unterscheidung von privatem und öffentlichem Recht, 1985, S. 126 ff.; *Manfred Zuleeg*, VerwArch 73 (1982), 384, 393.

[235] Näher zu diesem Begriff: *Dirk Ehlers/Jens-Peter Schneider*, in: Schoch/Schneider/Bier (Hrsg.), Verwaltungsgerichtsordnung, Loseblatt (Stand: Mai 2018), Rn. 275 zu § 40.

[236] *Hans J. Wolff*, AöR 76 (1950/51), 205, 209.

[237] Siehe hierzu statt vieler *Dirk Ehlers/Jens-Peter Schneider*, in: Schoch/Schneider/Bier (Hrsg.), Verwaltungsgerichtsordnung, Loseblatt (Stand: Mai 2018), Rn. 275 zu § 40; *Hans J. Wolff*, AöR 76 (1950/51), 205, 209; *Manfred Zuleeg*, VerwArch 73 (1982), 384, 393.

[238] Dies übersieht *Otto Bachof*, in: Festgabe 25 Jahre BVerwG, 1978, S. 1, 10 f.

[239] Siehe dazu vorstehend: b.

[240] So z. B. gem. § 1 Abs. 1 Satz 2 BbgSpkG.

[241] *Ulrich Stelkens*, in: Stelkens/Bonk/Sachs, Verwaltungsverfahrensgesetz, 9. Aufl., 2018, Rn. 122 zu § 35.

bei denen sie auf die Abwehr von Funktionsstörungen beschränkt ist.[242] Rechtsvorschriften, die entsprechende Personen als solche berechtigen oder verpflichten, gehören zum Sonderprivatrecht des Staates und lassen sich gerade nicht als ‚öffentlich-rechtlich' qualifizieren.

2. Indizien und Modalitäten der hoheitlichen Gewalt

a. Der juristische Staatsbegriff als zentrale Prämisse zur Erkenntnis der hoheitlichen Gewalt

Auf die Frage, woran das Subordinationsverhältnis als ein solches erkannt werden kann, lässt sich ganz allgemein sagen: daran, dass man mit der Autorität der politisch geeinten Gemeinschaft – sprich: mit der Autorität des Staates und seiner Untergliederungen, die Teilhaber seiner Autorität sind – konfrontiert und befasst ist. Der Begriff des Staates unterscheidet die Subordination unter die hoheitliche Gewalt kategorisch von der Subordination unter andere, unstreitig als ‚privat' zu betrachtende Entitäten. Die Definition des öffentlichen Rechts hängt mithin davon ab, dass man sich darüber verständigen kann, was der Staat ist, und dass es der Staatsrechtslehre gelingt, ihn inmitten der Vielzahl gesellschaftlicher Verbände zu identifizieren. Sobald sie an dieser Aufgabe scheitert, erscheint es in der Tat unmöglich, die Subordination des einzelnen unter die hoheitliche Gewalt von der Subordination eines Kindes unter das Diktat seiner Eltern oder von der Subordination eines Glaubensangehörigen unter die Autorität seiner Kirche zu unterscheiden. Die Skepsis darüber, ob sich die Subordination unter die hoheitliche Gewalt von anderen Subordinationsverhältnissen abgrenzen lässt, bildet dementsprechend ein Standardargument gegen die Subordinationstheorie, wenn es um die Differenzierung von öffentlichem und privatem Recht geht.[243] Ungeachtet dessen, dass dieser Einwand oft routinemäßig (um nicht zu sagen: gedankenlos) wiederholt wird, trifft er doch einen wichtigen Punkt: wo sich die Rechtswissenschaft außerstande erweist, den Staat als Staat zu erkennen, hat das öffentliche Recht als Kategorie ab-

---

[242] Vgl. *Otto Bachof*, in: Festgabe 25 Jahre BVerwG, 1978, S. 1, 11 (dort in Fn. 50). Hierbei ist insbesondere an die Verhängung von Hausverboten zu denken.

[243] Siehe hierfür statt vieler *Dirk Ehlers/Jens-Peter Schneider*, in: Schoch/Schneider/Bier (Hrsg.), Verwaltungsgerichtsordnung, Loseblatt (Stand: Mai 2018), Rn. 220 zu § 40. Gegen diese Argumentation *Otto Bachof*, in: Festgabe 25 Jahre BVerwG, 1978, S. 1, 7; *Walter Leisner*, JZ 2006, 869, 873. Siehe dazu ferner *Manfred Zuleeg*, VerwArch 73 (1982), 384, 392.

gedankt. Dem entgegenzuwirken ist die eigentliche Herausforderung, die ein juristischer Staatsbegriff zu bewältigen hat.

Mit einem spezifisch juristischen Begriff vom Staat haben wir es zu tun, weil er – wie alle anderen juristischen Begriffe und Kategorien – vom Recht her, d.h. vom gerichtlich geltend zu machenden Anspruch her, konzipiert werden muss. Unter diesem Gesichtspunkt bildet der Staat nur eine von zahlreichen unabhängig vom Recht existierenden Größen, die Gegenstand einer juristischen Begriffsbildung sind: man denke beispielsweise an die Familie, an die Kirche, an die Gemeinde – oder ganz einfach an den einzelnen Menschen, den das Recht unter dem Begriff der ‚natürlichen Person' in Bezug nimmt. Sich um den Staat als (rechts- und staatstheoretisch fundierten) Rechtsbegriff zu bemühen, zählt vor diesem Hintergrund bis heute zu den Hauptaufgaben der Staatsrechtswissenschaft.[244] Im vorliegenden Kontext kommt es nicht darauf an, entsprechende Überlegungen zu vertiefen. Wenn man jene Zusammenhänge außer Betracht lässt, in denen die Staatlichkeit selbst thematisiert werden muss[245] (gemeint ist beispielsweise das Verhältnis des Mitgliedstaats zur EU), kann das rechtsdogmatische Denken den Staat als Gegebenheit hinnehmen und zur Grundlage weiterer Schlüsse erklären. (Lässt sich nicht auch die Drei-Elemente-Lehre von *Georg Jellinek* als eine Beschreibung dessen begreifen, was man sich als Jurist der Einfachheit halber unter dem Staat vorstellen darf, weil es und solange es den Zwecken des juristischen Tagesgeschäftes genügt?[246]) Legt man den Staat auf solche Weise der rechtsdogmatischen Arbeit zugrunde, reduziert sich die Frage nach einer Identifizierbarkeit des hoheitlichen Gewaltverhältnisses darauf, wie dieses als Regelungsgegenstand einer rechtlichen Vorschrift erkannt werden kann, durch die es geprägt und eingegrenzt wird. Hierfür gilt dasselbe wie bei allen anderen Fällen, in denen der Sinngehalt einer gesetzlichen Regelung festgestellt werden soll: es kommt allein darauf an, im Wege einer methodengerechten Auslegung zu ermitteln, inwiefern der Tatbestand der in Rede stehenden Norm die Subordination unter die hoheitliche Gewalt zu seinen – geschriebenen oder ungeschriebenen – Merkmalen zählt.

---

[244] Dieser Aufgabe haben wir uns bereits in früheren Abhandlungen gewidmet; siehe *Stefan Haack*, Der Staat 49 (2010), 107; *ders.*, Der Staat 51 (2012), 57 – jeweils m.w.N.

[245] Näher dazu *Stefan Haack*, Der Staat 49 (2010), 107, 109ff.

[246] Kritisch zur Leistungsfähigkeit der Drei-Elemente-Lehre in Konstellationen, wo die Staatlichkeit auf dem Spiel steht: *Stefan Haack*, Verlust der Staatlichkeit, 2007, S. 46f.; *ders.*, Der Staat 49 (2010), 107, 115f.

b. Die Befugnis des Staates, durch Verwaltungsakt zu agieren, als Emanation einer vorrechtlichen Subordination

Maßgeblicher Ausdruck der Subordination ist die Fähigkeit des Staates, gegenüber dem Bürger einseitig verpflichtende Maßnahmen zu treffen.[247] Ob das Wirkungsfeld eines bestimmten Akteurs im Bereich der hoheitlichen Gewalt liegt, lässt sich somit an seiner Potenz zum Erlass von Verwaltungsakten ablesen.[248] Überall dort, wo das Gesetz eine solche Möglichkeit vorsieht bzw. daran anknüpft, haben wir es mit Inhabern von öffentlichen Sonderrechten zu tun. In dieser Erkenntnis besteht der zutreffende Kern der Subordinationstheorie – ihr bleibender Wert beruht darauf, jene Anknüpfung an ein vorrechtliches Herrschaftsverhältnis schonungslos zu benennen (weshalb sie von all denen abgelehnt wird, die darauf abzielen, Herrschaftsverhältnisse zu verschleiern). Zu beachten ist jedoch, dass die Subordinationstheorie bei der Abgrenzung des öffentlichen Rechts vom Privatrecht im Zusammenspiel mit dem Kriterium des Sonderrechts eingesetzt werden muss: sie wird dazu benötigt, das originäre Betätigungsfeld der Träger von öffentlich-rechtlichen Sonderrechten zu identifizieren. Demgegenüber handelt es sich um einen verhängnisvollen Kurzschluss, wenn man den Begriff des öffentlichen Rechts auf diejenigen Rechtspositionen beschränkt, die mit dem Erlass von Verwaltungsakten im unmittelbaren Zusammenhang stehen – hierdurch wären, wie bereits von zahlreichen Autoren festgestellt worden ist[249], Vertragsbeziehungen und Realhandlungen vom Begriff des öffentlichen Rechts ausgeschlossen. All das

[247] Vgl. dazu auch *Walter Jellinek*, Verwaltungsrecht, 3. Aufl., 1931, S. 53; *Walter Leisner*, JZ 2006, 869, 874 f.; *Detlef Schmidt*, Die Unterscheidung von privatem und öffentlichem Recht, 1985, S. 253; kritisch *Hans Kelsen*, Allgemeine Staatslehre, 1925, S. 89. Es mag sein, dass die Lehre vom vorrechtlichen Charakter des hoheitlichen Gewaltverhältnisses und der „Eigenkraft des Verwaltungsakts" (*Kelsen*, a. a. O.) in politischer Hinsicht den Trägern der staatlichen Gewalt dienlich erscheint. Dies tun andere rechts- und staatstheoretische Annahmen auch; hierzu braucht man nur an *Kelsens* formalistischen Rechtsbegriff oder an die – mit der vorliegenden Untersuchung bekämpfte – Gleichsetzung von öffentlichem Recht und öffentlicher Gewalt zu erinnern. Deshalb geht es nicht an, gerade der Lehre vom vorrechtlichen Charakter der Subordination überwiegende politische Motive zu unterstellen (so jedoch *Kelsen*, a. a. O., S. 86 ff.; *ders.*, Reine Rechtslehre, 2. Aufl., 1960 [Nachdruck 1967], S. 286), zumal gerade diese Herangehensweise, indem sie die Faktizität des Politischen einkalkuliert, für begriffliche Manipulationen weniger anfällig ist.

[248] Ähnlich *Manfred Zuleeg*, VerwArch 73 (1982), 384, 393; ablehnend *Detlef Schmidt*, Die Unterscheidung von privatem und öffentlichem Recht, 1985, S. 253.

[249] Siehe statt vieler *Dirk Ehlers/Jens-Peter Schneider*, in: Schoch/Schneider/Bier (Hrsg.), Verwaltungsgerichtsordnung, Loseblatt (Stand: Mai 2018), Rn. 220 zu § 40.

zusammengenommen bedeutet, dass die Subordinationstheorie zur Unterscheidung des öffentlichen Rechts vom privaten Recht unverzichtbar erscheint; sie ist jedoch, soweit sie auf sich allein gestellt bleibt, überfordert und vermag diese Aufgabe nur im Zusammenspiel mit der Sonderrechtstheorie zu erfüllen.

c. Die Modifikation der Verwaltungsaktbefugnis im Rechtsstaat

Abstrakt betrachtet, folgt die Fähigkeit zum Erlass von Verwaltungsakten aus der vorausliegenden Überordnung des Staates. Zu den tatbestandlichen Voraussetzungen einer rechtlichen Vorschrift gehört die Subordination immer dann, wenn deren Regelungsinhalt stillschweigend oder ausdrücklich an die staatliche Personal- oder Territorialhoheit anknüpft. Ausschlaggebend hierfür sind die personelle Zugehörigkeit zur souveränen politischen Einheit kraft der Staatsangehörigkeit[250] bzw. der Aufenthalt im Gebiet eines Staates[251]. Für die grundgesetzliche Ordnung bedarf diese Überlegung indes einer weiteren Präzisierung. Die umfassende Fähigkeit des Staates, dem einzelnen gegenüber durch Verwaltungsakt zu agieren, wird in der Verfassungsordnung des Rechtsstaats durch den Grundsatz vom Vorbehalt des Gesetzes beschränkt – Eingriffe einer Behörde in das Eigentum oder die Freiheit des Bürgers bedürfen danach einer ausdrücklichen Ermächtigungsgrundlage im formellen Gesetz.[252] Der Grundsatz vom Vorbehalt des Gesetzes begrenzt die ursprünglich bestehenden Handlungsoptionen des Staates, ohne den grundlegenden Charakter der Hoheitsgewalt als vorrechtliche Größe in Frage zu stellen. Von dieser Seite her (oder genauer gesagt: von den Abwehransprüchen her, die sich gegen ungesetzliche Eingriffe richten) werden die Maßnahmen im Staat-Bürger-Verhältnis verrechtlicht.[253] Innerhalb dieser verfassungsrechtlichen Bindungen liegt es in den Händen des Staates zu definieren, in welchem Umfang und in welchen Bereichen von der Fähigkeit Gebrauch gemacht werden soll, durch Verwaltungsakt und somit im Subordinationsverhältnis zu handeln. Das Rechtssubjekt stellt sich als Träger öffentlichen Sonderrechts dar, wenn

[250] *Burkhard Schöbener/Matthias Knauff*, Allgemeine Staatslehre, 4. Aufl., 2019, § 3 Rn. 65.

[251] *Burkhard Schöbener/Matthias Knauff*, Allgemeine Staatslehre, 4. Aufl., 2019, § 3 Rn. 69.

[252] Siehe dazu statt vieler: *Christoph Degenhart*, Staatsrecht I. Staatsorganisationsrecht, 34. Aufl., 2018, Rnrn. 313 ff.

[253] Siehe dazu unten: III.1.

sein originäres Betätigungsfeld in einem solchen Bereich liegt, sprich also: wenn es um einer solchen Betätigung willen kreiert worden ist.

3. Der Rechtsstatus des Privaten im öffentlichen Recht als das Gegenstück zur rechtlichen Stellung des Staates

a. Die rechtsdogmatische Einordnung der privaten Subjekte

Die Verbindung von Sonderrechtslehre und Subordinationstheorie[254], wie sie hiermit zur Diskussion gestellt wird, muss sich auch auf der anderen Seite des Gewaltverhältnisses auswirken, sprich: bei der rechtsdogmatischen Einordnung der privaten Subjekte. Wenn es richtig ist zu erklären, dass der öffentlich-rechtliche Anspruch den Staat als solchen verpflichtet, lässt sich auch umgekehrt fragen: in welcher Eigenschaft erscheint der Private berechtigt? Was heißt es aus juristischer Sicht, ein ‚Privater' zu sein, wenn es um die Beziehungen des Staates zum einzelnen geht? Hierfür kommt es zunächst darauf an, sich an dasjenige zu erinnern, was weiter oben gesagt worden ist[255]: dass nämlich der rechtliche Status eines Privaten nicht als universeller Jedermannsstatus konzipiert werden darf. Bei genauerer Betrachtung erweist sich, dass der Rechtsstatus des ‚Privaten' überhaupt kein einheitlicher Rechtsstatus sein kann, sondern je nach Zusammenhang definiert werden muss.[256] Bei Rechtsnormen, die sich auf das Subordinationsverhältnis beziehen, wird der Private demzufolge nicht als Rechtssubjekt im Sinne des privaten Vertragsrechts und erst recht nicht als ein Jedermann angesprochen, sondern in seiner Eigenschaft als eine Person, die kraft der Territorialhoheit oder der Personalhoheit der deutschen Staatsgewalt unterliegt.[257] Ein Privater zu sein, bedeutet im Kontext des öffentlichen Rechts gerade nicht, als Person aufzutreten, die mit der Hoheitsgewalt nichts zu tun hat und in keiner Beziehung zu dieser steht, sondern

---

[254] Zur Notwendigkeit einer Kombination dieser beiden Theorien: *Martin Burgi*, in: Hoffmann-Riem/Schmidt-Aßmann/Voßkuhle (Hrsg.), Grundlagen des Verwaltungsrechts, 2. Aufl., Bd. I, 2012, § 18 Rn. 21 a. E.; *Franz Bydlinski*, AcP 194 (1994), 319, 340; aus der älteren Literatur *Heinz Kummer*, ZGStW 104 (1943), 29, 50. Siehe zur Historie ferner *Walter Leisner*, JZ 2006, 869, 870 f. Kritisch demgegenüber *Gerrit Manssen*, Privatrechtsgestaltung durch Hoheitsakt, 1994, S. 64 ff.

[255] Siehe oben: Erstes Kapitel, III.2.

[256] Es wäre durchaus sinnvoll, über einen Neuzuschnitt der Begriffe ‚privatrechtlich', ‚zivilrechtlich' und ‚bürgerlich-rechtlich' entsprechend dieser Rollen nachzudenken. Aber wie chancenreich erschiene eine solche begriffliche Differenzierung?

[257] Dass der Private ein mögliches Subjekt des öffentlichen Rechts ist, betont *Detlef Schmidt*, Die Unterscheidung von privatem und öffentlichem Recht, 1985, S. 256.

ganz im Gegenteil: ungeachtet ihrer Wesensverschiedenheit sind Staat und Private im Hinblick auf das Herrschaftsverhältnis aufeinander bezogen[258] – gerade um diese Eigenschaft geht es in öffentlich-rechtlichen Normen. Die durch Abwehransprüche beschränkte Unterworfenheit des einzelnen unter den Staat und dessen Fähigkeit, hoheitlich zu agieren, sind – wie könnte es anders sein? – zwei Seiten derselben Medaille, die nicht isoliert werden dürfen, wenn man den Blick auf die juristische Konstruktion dieses Verhältnisses richtet. Beides getrennt zu betrachten, ist ausgeschlossen, da sich das Recht des einen auf die Pflicht des anderen bezieht.[259] Der Rechtsstatus des Privaten im öffentlichen Recht bildet insofern das Gegenstück zur rechtlichen Stellung des Staates.[260] Diese (vom Standpunkt der Sonderrechtstheorie her zwingenden) Schlussfolgerungen wurden in der Literatur bislang zu wenig beachtet; für das Verhältnis des öffentlichen Rechts zum Privatrecht – ja für den Begriff des Privatrechts selbst – ergibt sich daraus eine Reihe von weitreichenden Konsequenzen.

b. Der doppelte Sinn des Ausdrucks ‚privat': der Private in seiner Eigenschaft als Herrschaftsunterworfener im Unterschied zum Privaten in seiner Eigenschaft als nicht-staatliches Subjekt

Vom Ende her gedacht, läuft die Sonderrechtstheorie richtigerweise auf eine Spaltung des Begriffs ‚Privater' hinaus: der Private in seiner Eigenschaft als Herrschaftsunterworfener ist danach etwas wesentlich anderes als der Private in seiner Eigenschaft als ein nicht-staatliches Subjekt. Letzteres bildet im Grunde nur eine Sammelbezeichnung für unterschiedliche, im BGB und einigen anderen Gesetzen ausbuchstabierte Status; hierher gehören die natürliche Person in ihrer Eigenschaft als ein Mensch (wie man sie beispielsweise im Familienrecht kennt), die natürliche Person in ihrer Eigenschaft als Verbraucher (wie sie uns im Bereich der Verbraucherschutzregelungen begegnet), die GmbH in ihrer Eigenschaft als Handelsgesellschaft (wie sie im Handels- und Gesellschaftsrecht auftritt) – und dergleichen mehr. Bei der Vorstellung vom Privaten in seiner Eigenschaft als nicht-staatliches Subjekt handelt es sich damit um einen negativen Begriff –

---

258 Zu einem ähnlichen Ergebnis gelangte bereits der britische Rechtsphilosoph *John Austin*, der das öffentliche Recht als einen Ausschnitt des „Law of Persons" eingestuft hat. Vgl. *dens.*, Lectures on Jurisprudence, 5. Aufl., Bd. II, 1885, S. 757 („powers, rights, and obligations […] of the governed as such").

259 Siehe dazu *Otto von Gierke*, Die soziale Aufgabe des Privatrechts, 1889 (Nachdruck 1948), S. 14.

260 Vgl. *John Austin*, Lectures on Jurisprudence, 5. Aufl., Bd. II, 1885, S. 757 f.

wo man in diesem Sinne von ‚Privatrecht' spricht, meint man das Recht der vom Staat verschiedenen Personen in ihren Beziehungen zueinander.[261] Aufgrund ihres Charakters als negativer Begriff und als Sammelbezeichnung erscheint die Vorstellung vom Privaten in seiner Eigenschaft als nicht-staatliches Subjekt aus einer originär juristischen Perspektive heraus weniger ergiebig, als man auf den ersten Blick annehmen könnte – auch im Kontext der Unterscheidung von öffentlichem Recht und Privatrecht spielt sie, wie diese Abhandlung zeigen soll, nur eine untergeordnete Rolle.[262]

Die irreführende, wiewohl geläufige Gleichsetzung des Privaten in seiner Eigenschaft als Herrschaftsunterworfener mit dem Privaten in seiner Eigenschaft als nicht-staatliches Subjekt beruht darauf, dass beide Kreise weitgehend deckungsgleich sind. Indem der moderne Territorialstaat die Herrschaftsgewalt über sämtliche Personen beansprucht, die sich innerhalb seines Territoriums befinden, sind im Innern des Staates alle nicht-staatlichen zugleich herrschaftsunterworfene Subjekte. Zum dogmatischen Problem wird diese Gleichsetzung dort, wo es aus juristischer Perspektive – d.h. im Hinblick auf die Entscheidung über einen Rechtsanspruch im Konfliktfall – auf die Statusverschiedenheit ankommt, was insbesondere für die Argumentation mit dem sonderrechtlichen Charakter dieser oder jener rechtlichen Vorschrift im Zusammenhang mit der Unterscheidung von Privatrecht und öffentlichem Recht zutrifft. Für den Privaten in seiner Eigenschaft als Herrschaftsunterworfener können Regelungen über die Beziehung von Staat und Bürger gerade kein wesensfremdes Sonderrecht sein[263] – im Rechtsstaat sind sowohl der Staat als auch der einzelne als Rechtssubjekte des öffentlichen Rechts zu betrachten.[264] Für den Privaten in seiner Eigenschaft als nicht-staatliches Subjekt bleiben die Vorschriften des öffentlichen Rechts demgegenüber per definitionem wesensfremd und unanwendbar. Die späteren Überlegungen zur Abgrenzung von öffentlichem Recht und Privatrecht im Hinblick auf die verschiedenen Handlungsformen (vor allem die Ausführungen zur Bedeutung der Sonderrechte bei der Einordnung von Verträgen)[265] sollen beweisen, dass diese Unterscheidung weder Haarspalterei noch l'art pour l'art ist.

[261] So beispielsweise *Wolfgang Kallwass/Peter Abels*, Privatrecht, 23. Aufl., 2018, S. 13.

[262] Sie macht sich jedoch bei der Qualifikation von vertragsrechtlichen Ansprüchen bemerkbar; siehe dazu unten: IV.4.

[263] Siehe dazu vorstehend: a.

[264] Vgl. *Ernst Forsthoff*, Lehrbuch des Verwaltungsrechts, 10. Aufl., 1973, S. 180 f.; *Detlef Schmidt*, Die Unterscheidung von privatem und öffentlichem Recht, 1985, S. 256.

[265] Siehe dazu unten: III.4.

c. Die Irrelevanz des Privaten für eine Definition des Begriffs ‚öffentliches Recht'

Für die Definition des Begriffs ‚öffentliches Recht' spielt der Private in seiner Eigenschaft als nicht-staatliches Subjekt von vornherein keine Rolle. Der Private erscheint hier lediglich als Gegenbegriff zu den Trägern der hoheitlichen Gewalt – und mehr noch: es ist gerade diese Beziehungslosigkeit zum Staat, die den gemeinsamen Nenner einer solchen Vorstellung ausmacht. Nach dem bislang Gesagten überrascht es möglicherweise, dass auch der Private in seiner Eigenschaft als Herrschaftsunterworfener bei der Definition des Begriffs ‚öffentliches Recht' außer Betracht bleiben muss. Die Ursache hierfür liegt darin, dass auch die Träger der hoheitlichen Gewalt zueinander in Rechtsbeziehungen stehen können (ohne dass ein Privater in seiner Eigenschaft als Herrschaftsunterworfener daran beteiligt erscheint) – hierfür ist an weite Bereiche des Staatsorganisationsrechts einschließlich des Kommunalrechts zu denken. Es ist deshalb richtig, im rechtsdogmatischen Kontext der Unterscheidung von öffentlichem Recht und Privatrecht mit der modifizierten Subjektstheorie auf die Seite der hoheitlichen Gewalt und gerade nicht auf diejenige des Privaten (in seiner Eigenschaft als Herrschaftsunterworfener) abzustellen[266] – nur so lassen sich all jene Rechtssätze in den Begriff des öffentlichen Rechts einbeziehen, die sich auf beiden Seiten an einen hoheitlich tätigen Träger der Staatsgewalt richten.

4. Zwischenfazit zum Begriff des öffentlichen Rechts

Zusammenfassend lässt sich Folgendes sagen: als ‚öffentlich-rechtlich' sind ausschließlich Bestimmungen des subjektiven Rechts zu qualifizieren, die zumindest auf einer Seite einen Träger der hoheitlichen Gewalt als solchen berechtigen oder verpflichten.[267] Träger der hoheitlichen Gewalt im Sinne

---

[266] Wenn es bei *Detlef Schmidt* (Die Unterscheidung von privatem und öffentlichem Recht, 1985, S. 256) heißt, die Bürger seien „mögliche" Subjekte des öffentlichen Rechts, der Staat dagegen ein „notwendiges", bleibt unklar, was damit gemeint ist: wie sollten Rechtsnormen, deren originäre Funktion darin liegt, das Verhältnis von Staat und Bürger zu regeln und justitiabel zu machen, ohne das Rechtssubjekt ‚Bürger' auskommen?

[267] Auch in England wird das öffentliche Recht als Sonderrecht des Staates verstanden – dort jedoch in einer eigentümlichen Weise: da die staatlichen Behörden den Rechtsmitteln des Common Law unterworfen waren und wie ein Privater verklagt werden konnten, dienten die Vorschriften des öffentlichen Rechts in erster Linie als Beschränkungen dieser Klageoption und wirkten damit zugunsten des Staates. Mit anderen Worten: vom öffentlichen Recht war weniger im Hinblick auf die Verrechtlichung

dieser Definition sind Rechtssubjekte, deren Dasein maßgeblich auf einem staatlichen Rechtsakt beruht[268] und deren originäres Betätigungsfeld das hoheitliche Gewaltverhältnis markiert. Letzteres richtet sich danach, ob der fragliche Rechtsträger dazu befugt ist, außerhalb der reinen Abwehr von Funktionsstörungen durch Verwaltungsakte zu handeln. Demgegenüber spielt die formelle Rechtsnatur einer juristischen Person als ‚öffentlich-rechtlich' nur eine untergeordnete Rolle.[269] Private Unternehmen in öffentlicher Trägerschaft stellen – dies sei an dieser Stelle ergänzt – von vornherein keine geeigneten Rechtssubjekte im Sinne einer solchen Sonderrechtstheorie dar: von Ausnahmefällen abgesehen, werden diese nicht durch staatlichen Rechtsakt gegründet, sondern durch Abgabe einer privatrechtlichen Willenserklärung (sofern der staatliche Rechtsträger dazu ermächtigt erscheint)[270]; vor allem jedoch liegt ihr Betätigungsfeld nicht im Bereich der hoheitlichen Gewalt.

---

der Beziehungen von Staat und Bürger zu sprechen (die vom Common Law geleistet worden ist, weshalb ihm aus hiesiger Sicht vielfach ein hybrider Charakter zukam; vgl. dazu nachstehend: III.2), sondern eher im Hinblick auf die Grenzen dieser Verrechtlichung, die sich aus der besonderen Stellung des Staates ergaben. Dies änderte sich erst mit der partiellen Einführung öffentlich-rechtlicher Klagen. Lehrreich dazu *Geoffrey Samuel*, MLR 46 (1983), 558.

[268] Zu den Gründen, weshalb auch der Beliehene unter diese Definition fällt, siehe *Stefan Haack*, in: Gärditz (Hrsg.), VwGO, 2. Aufl., 2018, Rn. 64 zu § 40.

[269] Entgegen der Ansicht von *Gerrit Manssen* (Privatrechtsgestaltung durch Hoheitsakt, 1994, S. 99) kann der Gesetzgeber nur sehr bedingt „Herr der Unterscheidung von öffentlichem und privatem Recht" sein. Zwar steht es ihm (innerhalb der verfassungsrechtlichen Bindungen) frei, für bestimmte Bereiche zwischen privatrechtlichen und öffentlich-rechtlichen Gestaltungsmustern zu wählen – man denke hierbei z. B. an das Energiewirtschaftsrecht. Demgegenüber liegt die rechtswissenschaftliche Qualifikation einer Regelung außerhalb seines Vermögens. Wo der Gesetzgeber eine – nach wissenschaftlichen Kriterien – öffentlich-rechtliche Regelung als privatrechtlich deklariert (und umgekehrt), verhält es sich nicht anders als im Falle des bekannten Juristenscherzworts, mit dem Begriff ‚Weihnachtsmann' im Sinne des Gesetzes sei auch der Osterhase gemeint (vgl. *Gerhard Wolf*, NJW 1994, 681, 685): zwar vermag der Gesetzgeber einem Ausdruck in konkreten Regelungszusammenhängen einen beliebigen, vom Rechtsanwender zu akzeptierenden Sinn beizulegen; dies schließt es jedoch nicht aus, dass die Jurisprudenz den fraglichen Begriff außerhalb dieses Kontexts weiterhin in einer anderen, aufgrund wissenschaftlicher Kriterien als gültig betrachteten Weise gebraucht. Zur Kritik an der These von der Qualifikationsfreiheit des Gesetzgebers siehe auch *Ludwig Renck*, JuS 1986, 268, 269. Vertiefend zum Ganzen *Detlef Schmidt*, Die Unterscheidung von privatem und öffentlichem Recht, 1985, S. 138 f.

[270] Siehe dazu unten: IV.2.b. und c.

III. Einzelfragen zur Qualifikation von Anspruchsgrundlagen

1. Die Qualifikation von Abwehransprüchen gegen staatliches Handeln

a. Staatliche Eingriffsbefugnisse als nicht qualifizierbares Recht

Angesichts seines vorausliegenden Charakters[271] wird das hoheitliche Gewaltverhältnis im Wesentlichen durch Abwehrrechte, insbesondere also durch die Freiheitsgrundrechte verrechtlicht. Wenn man konsequent daran festhält, dass sich nur subjektive Rechte als privatrechtlich oder öffentlich-rechtlich einordnen lassen[272], gelangt man zu dem Ergebnis, dass in der Konstellation des staatlichen Eingriffs allein der entgegengerichtete Abwehranspruch, nicht jedoch die vom Staat geltend gemachte Ermächtigungsnorm qualifiziert werden kann.[273] Es handelt sich um ein verbreitetes und folgenschweres, auf den Irrtum über die unjuristische Beschaffenheit des Gewaltverhältnisses zurückzuführendes Missverständnis zu meinen, dass gesetzliche Ermächtigungsgrundlagen (wie zum Beispiel die Befugnisnormen des Polizei- und Sicherheitsrechts) unbesehen als ‚öffentliches Recht' eingestuft werden können.[274] Richtigerweise hat man es mit neutralen Rechtsvorschriften zu tun, die ebensogut in einem Zivilprozess relevant werden können (so zum Beispiel bei einer Klage auf Freistellung oder Schadensersatz gegen einen Immobilienverkäufer, wenn der Erwerber polizeirechtlich als Zustandsstörer für eine Gefahr haften muss, die sich aus der Beschaffenheit des veräußerten Grundstücks ergibt).[275] Gänzlich verfehlt wäre es, derartige Eingriffsbefugnisse als subjektive Rechte des Staates zu deuten[276] (und als solche zu qualifizieren).[277] Dass Anspruchsgrundlagen

---

[271] Siehe dazu oben: Erstes Kapitel, IV.1.

[272] Siehe dazu oben: I.

[273] A. A. *Jürgen Schwabe*, Die sogenannte Drittwirkung der Grundrechte, 1971, S. 40.

[274] Siehe hierfür statt vieler *Gerrit Manssen*, Privatrechtsgestaltung durch Hoheitsakt, 1994, S. 56; *Jürgen Schwabe*, Die sogenannte Drittwirkung der Grundrechte, 1971, S. 40.

[275] Vgl. dazu auch *Eberhard Schmidt-Aßmann*, in: Hoffmann-Riem/Schmidt-Aßmann (Hrsg.), Öffentliches Recht und Privatrecht als wechselseitige Auffangordnungen, 1997, S. 7, 10; *Hans-Heinrich Trute*, in: Hoffmann-Riem/Schmidt-Aßmann (Hrsg.), Öffentliches Recht und Privatrecht als wechselseitige Auffangordnungen, 1997, S. 167, 180; *Heinrich de Wall*, Die Anwendbarkeit privatrechtlicher Vorschriften im Verwaltungsrecht, 1999, S. 61.

[276] Näher dazu *Stefan Haack*, Theorie des öffentlichen Rechts, 2017, S. 81.

[277] Vereinzelt findet sich die Vorstellung, wonach es sich bei den Eingriffstatbeständen um Rechte des Staates gegen den einzelnen handeln soll, bereits in der älteren Literatur – die entsprechenden Autoren bewiesen damit ein gewisses Gespür für die oben

den Staat in seiner Eigenschaft als solchen berechtigen (und deshalb als öffentliches Recht zu betrachten sind), ist eher selten der Fall – ganz überwiegend wird der Staat durch öffentlich-rechtliche Normen in seiner Eigenschaft als ein solcher verpflichtet. Entsprechende Ausnahmefälle lassen sich zum Beispiel bei öffentlich-rechtlichen Verträgen oder bei Erstattungsansprüchen, die gegen den Bürger gerichtet sind, finden.

b. Freiheitsgrundrechte als öffentlich-rechtliche Normen

Freiheitsgrundrechte sind öffentlich-rechtliche Normen, weil es sich um subjektive Rechte des Bürgers handelt, die den Staat als solchen verpflichten. Unabhängig davon, ob es sich um reine Abwehrrechte oder zugleich um Leistungsansprüche handelt, verschaffen sie dem Bürger das Recht, vom Staat ein bestimmtes Verhalten zu fordern. Die Freiheit des Privaten ist juristisch betrachtet die Folge (und nicht der Grund) dieser Art von Anspruchsgrundlagen.[278] Demgegenüber können sich aus den Freiheitsgrundrechten keine privatrechtlichen Forderungen ergeben – sie modifizieren diese nur mittelbar, indem der Richter bei der Auslegung und der Anwendung von privatrechtlichen Anspruchsgrundlagen die Wertung der Grundrechte zu berücksichtigen hat.[279] Wie seit langem anerkannt, enthalten Grundrechte sowohl subjektive Rechte als auch rein objektives Recht[280], was aus hiesiger Sicht heißt: sie stellen zugleich öffentliches und neutrales Recht dar. Wer demgegenüber eine unmittelbare Drittwirkung von Grundrechten annimmt[281], spricht ihnen den Charakter von hybriden Bestimmungen zu, von denen sogleich die Rede sein wird.[282]

---

erörterte Inkonsequenz, im Recht zu herrschen ein echtes Recht zu erblicken und zugleich von einem vorrechtlichen Verhältnis der Subordination auszugehen. Siehe hierfür beispielsweise *Josef Freiherr von Schenk*, ÖZöR 1 (1914), 63, 111. Weiterführend dazu *Jürgen Schwabe*, Die sogenannte Drittwirkung der Grundrechte, 1971, S. 29.

[278] Dazu näher *Stefan Haack*, VerwArch 109 (2018), 503, 516.

[279] *Wolfgang Rüfner*, in: Isensee/Kirchhof (Hrsg.), Handbuch des Staatsrechts, 3. Aufl., Bd. IX, 2011, § 197 Rn. 91.

[280] *Josef Isensee*, in: Isensee/Kirchhof (Hrsg.), Handbuch des Staatsrechts, 3. Aufl., Bd. IX, 2011, § 191 Rnrn. 144 f.

[281] Die Diskussion über eine unmittelbare Drittwirkung von Grundrechten zwischen Privaten wurde durch die jüngere Rechtsprechung des BVerfG neu entfacht; siehe dazu *Alexander Hellgardt*, JZ 2018, 901 und *Fabian Michl*, JZ 2018, 910.

[282] Siehe dazu unten: 2.

c. Geltung und Qualifikation von Freiheitsgrundrechten bei privatrechtlichen Tätigkeiten des Staates

Da die Anspruchsgrundlagen, die sich aus den Freiheitsgrundrechten ergeben, stets den Staat als solchen verpflichten, ist darauf zu beharren, dass sie auf rein privatrechtliche Tätigkeiten des Staates nicht anwendbar sind. Dies trifft für die fiskalischen Hilfsgeschäfte ebenso wie für eine erwerbswirtschaftliche Marktteilnahme zu; bei einer privatrechtlichen Erfüllung von Verwaltungsaufgaben gilt es (soweit man die Zweistufentheorie[283] zugrunde legt) für diejenigen Ansprüche, welche sich auf die Art und Weise der Vertragsabwicklung beziehen. In all diesen Zusammenhängen müssen die unmittelbar geltend zu machenden Anspruchsgrundlagen dem Privatrecht entstammen.[284] Grundrechte wirken auch hier als objektiv-rechtliche Normen – dies nämlich insofern, als sie die privatrechtlichen Ansprüche modifizieren (was in erheblichem Umfang der Fall ist). Ob der Staat in einer konkreten Situation als solcher, sprich: innerhalb eines hoheitlichen Gewaltverhältnisses agiert hat, ist eine ganz andere, von der Qualifikation der Freiheitsgrundrechte (wie von der Qualifikation sonstiger Anspruchsgrundlagen) streng zu unterscheidende Frage.[285] Eine solche Verwechslung der Qualifikation mit der Anwendbarkeit einer Norm stellt keine Seltenheit dar – im Bereich der Freiheitsgrundrechte führt sie zu dem weit verbreiteten Irrtum (mitunter mag es sich auch um missverständliche Formulierungen handeln), Abwehransprüche ließen sich nur qualifizieren, wenn man sich die rechtliche Beschaffenheit des Eingriffs betrachtet.[286] Richtigerweise ist es gerade nicht die Qualifikation, sondern die Anwendbarkeit einer Anspruchsgrundlage, welche von der Beschaffenheit der staatlichen Maßnahme abhängt.

2. Hybride Normen

Von den neutralen Bestimmungen sind eine Reihe von Rechtsvorschriften zu unterscheiden, die als ‚hybride Normen' qualifiziert werden können.[287]

---

[283] Siehe dazu statt vieler *Rolf Stober*, in: Wolff/Bachof/Stober/Kluth, Verwaltungsrecht I, 13. Aufl., 2017, § 22 Rnrn. 51 ff.

[284] Die praktischen Folgen dieser Auffassung sollten im Zusammenhang mit dem Problem der Formenwahlfreiheit betrachtet werden; siehe dazu unten: IV.2.b.

[285] Siehe dazu unten: IV.1.a.

[286] In diese Richtung *Helge Sodan*, in: Sodan/Ziekow (Hrsg.), Verwaltungsgerichtsordnung, 5. Aufl., 2018, Rn. 413 zu § 40.

[287] Zahlreiche Darstellungen leiden an einer Vermengung beider Konstellationen, die in erster Linie darauf beruht, dass man – entgegen der hier vertretenen Ansicht –

Mit derartigen Regelungen haben wir es zu tun, wenn eine gesetzliche Vorschrift bei methodengerechter Auslegung in gleicher Weise sowohl den Staat (als solchen) wie auch den Privaten (in seiner Eigenschaft als nicht-staatliches Subjekt) berechtigt oder verpflichtet.[288] Aus ein und derselben Regelung ergeben sich hierbei zwei unterschiedlich zu qualifizierende Anspruchsgrundlagen. Rechtsdogmatisch betrachtet liegen in diesem Fall zwei Rechtsnormen vor.[289] Beispiele hierfür bilden Art. 48 Abs. 1 GG, aus dem je nach Zusammenhang sowohl privatrechtliche als auch beamtenrechtliche, also öffentlich-rechtliche Ansprüche folgen[290], sowie § 70 Abs. 1 GewO, der (je nachdem, wer als Veranstalter auftritt) sowohl gegen Private (in ihrer Eigenschaft als nicht-staatliche Subjekte) als auch gegen Hoheitsträger (in ihrer Eigenschaft als solche) gerichtet sein kann. Einen Sonderfall der hybriden Normen stellen jene Bestimmungen dar, die zwar ausschließlich den Staat berechtigen oder verpflichten, jedoch nicht durchweg ‚als solchen'. Hierzu gehören u. a. die Anspruchsgrundlagen der Personalvertretungsgesetze, die in gleicher Weise für Beamte wie für andere, auf privatrechtlicher Basis im öffentlichen Dienst Beschäftigte gelten. Auch Grundrechte wären als hybride Bestimmungen zu betrachten, wenn man sie entgegen der hier vertretenen Ansicht im Bereich des privatrechtlichen Staatshandelns als unmittelbare Anspruchsgrundlagen heranziehen will, erst recht jedoch, wenn man ihnen eine unmittelbare Drittwirkung zwischen Privaten zuspricht.

---

auch objektiv-rechtliche Normen als öffentlich-rechtlich oder privatrechtlich qualifiziert; so z. B. *Dirk Ehlers*, Verwaltung in Privatrechtsform, 1984, S. 60.

[288] Siehe dazu (mit weiteren Beispielen) *Otto Bachof*, in: Festgabe 25 Jahre BVerwG, 1978, S. 1, 11; *Martin Burgi*, in: Hoffmann-Riem/Schmidt-Aßmann/Voßkuhle (Hrsg.), Grundlagen des Verwaltungsrechts, 2. Aufl., Bd. I, 2012, § 18 Rn. 62; *Dirk Ehlers*, Verwaltung in Privatrechtsform, 1984, S. 60; *Detlef Schmidt*, Die Unterscheidung von privatem und öffentlichem Recht, 1985, S. 238 f.

[289] Im Ergebnis ähnlich *Detlef Schmidt*, Die Unterscheidung von privatem und öffentlichem Recht, 1985, S. 239.

[290] Dass die verfassungsrechtliche Verankerung einer Vorschrift keinen zwingenden Schluss auf ihren öffentlich-rechtlichen Charakter gestattet, ergibt sich aus allen geläufigen Definitionen des Begriffs ‚öffentlich-rechtlich'. Nichtsdestoweniger haben sich immer wieder Autoren darüber verunsichern lassen; vgl. *Otto Bachof*, in: Festgabe 25 Jahre BVerwG, 1978, S. 1, 11 (dort in Fn. 54). Siehe dazu auch *Martin Bullinger*, Öffentliches Recht und Privatrecht, 1968, S. 112; *Martin Burgi*, in: Hoffmann-Riem/Schmidt-Aßmann/Voßkuhle (Hrsg.), Grundlagen des Verwaltungsrechts, 2. Aufl., Bd. I, 2012, § 18 Rn. 2; *Hans-Uwe Erichsen*, Jura 1982, 537, 541 f.

IV. Probleme der Anwendbarkeit von öffentlichem Recht und Privatrecht

1. Die Anwendung von öffentlich-rechtlichen Anspruchsgrundlagen bei Handlungen des Staates in seiner Eigenschaft als Träger der hoheitlichen Gewalt

a. Der dogmatische Ausgangspunkt und die hieraus sich ergebenden Fragen

Wenn man sich das Verhältnis des öffentlichen Rechts zum Privatrecht betrachtet, war es in zahlreichen Zusammenhängen weniger die Qualifikation der in Rede stehenden Anspruchsnormen, die Kopfzerbrechen bereitet und zum dogmatischen Streit geführt hat, als vielmehr die Frage, ob ein bestimmter Sachverhalt der einen oder der anderen Anspruchsnorm unterfällt.[291] Ein bezeichnendes Beispiel stellen die Abwehransprüche gegen die ehrverletzenden Äußerungen einer Person dar, die sowohl als Trägerin der hoheitlichen Gewalt wie auch als Rechtssubjekt des Privatrechts tätig gewesen sein könnte. In diesen Fällen ist zu untersuchen, ob seitens eines Betroffenen öffentlich-rechtliche oder privatrechtliche Ansprüche geltend gemacht werden können (wovon wiederum abhängt, welcher Rechtsweg der richtige ist[292]). Öffentlich-rechtliche Anspruchsgrundlagen greifen per definitionem nur dann ein, wenn es darum geht, den Staat als solchen zu einem Tun zu verpflichten.[293] Wie ist zu bestimmen, ob der Staat in seiner Eigenschaft als Träger der öffentlichen Gewalt tätig gewesen ist bzw. aktiv werden soll?[294] Unter welchen Bedingungen kann ein Rechtssubjekt außerhalb seines angestammten Sonderrechts handeln – und kann es das überhaupt? Bestehen hierbei für den Staat und die Privaten die gleichen Möglichkeiten und Grenzen? Lässt sich eine unterschiedliche Behandlung rechtstheoretisch begründen?

---

[291] Siehe dazu *Otto Bachof*, in: Festgabe 25 Jahre BVerwG, 1978, S. 1, 15; *Martin Burgi*, in: Hoffmann-Riem/Schmidt-Aßmann/Voßkuhle (Hrsg.), Grundlagen des Verwaltungsrechts, 2. Aufl., Bd. I, 2012, § 18 Rn. 24; *Gerrit Manssen*, Privatrechtsgestaltung durch Hoheitsakt, 1994, S. 58; *Christian Pestalozza*, DÖV 1974, 188, 190; *Detlef Schmidt*, Die Unterscheidung von privatem und öffentlichem Recht, 1985, S. 248 f.; *Heinrich de Wall*, Die Anwendbarkeit privatrechtlicher Vorschriften im Verwaltungsrecht, 1999, S. 24; *Manfred Zuleeg*, VerwArch 73 (1982), 384, 387.

[292] Siehe dazu unten: V.

[293] Vgl. *Detlef Schmidt*, Die Unterscheidung von privatem und öffentlichem Recht, 1985, S. 248.

[294] Siehe dazu auch *Gerrit Manssen*, Privatrechtsgestaltung durch Hoheitsakt, 1994, S. 56.

b. Das Entweder-Oder bei der Anwendbarkeit von privatrechtlichen und öffentlich-rechtlichen Anspruchsgrundlagen

Vor der Beantwortung der soeben angesprochenen Fragen verdient eine weitere Konsequenz der hier skizzierten Herangehensweise Beachtung: wenn ein öffentlich-rechtlicher Anspruch durch das Kriterium definiert wird, dass er den Staat als solchen berechtigt oder verpflichtet, dann kann er für diejenige Seite, auf welcher der Staat zu finden ist, bei Privaten nicht anwendbar sein. Erst recht muss dies für jene Vorschriften gelten, die beiderseitig Subjekte der staatlichen Hoheitsgewalt als solche berechtigen und verpflichten. Dasselbe lässt sich auch umgekehrt sagen: Vorschriften, die auf beiden Seiten Private (in ihrer Eigenschaft als nicht-staatliche Subjekte) berechtigen oder verpflichten, sind per definitionem nicht auf den hoheitlich tätigen Staat anzuwenden. Dies lässt sich nicht ernsthaft bestreiten und wird auch von keinem bestritten – fraglich ist allein, wann man es mit derartigen Rechtsvorschriften zu tun hat. Die Diskussion über die Anwendbarkeit von öffentlichem oder privatem Recht und deren exakte Grenzen läuft somit auf das Thema hinaus, ob das Handeln der jeweiligen Subjekte unter den persönlichen Geltungsbereich der entsprechenden Rechtsvorschriften subsumiert werden kann.[295]

Wegen der divergierenden Adressierung, die sich in der Verschiedenheit des persönlichen Anwendungsbereichs niederschlägt[296], kann es nicht dazu kommen, dass ein und derselbe Sachverhalt sowohl vom Tatbestand einer öffentlich-rechtlichen als auch vom Tatbestand einer privatrechtlichen Vorschrift erfasst wird.[297] Mit anderen Worten: bei ein und derselben Maßnahme zwischen ein und denselben Beteiligten kann deshalb nur die eine oder die andere Kategorie von Anspruchsgrundlagen einschlägig sein.[298] Die Anwendbarkeit öffentlich-rechtlicher Anspruchsgrundlagen schließt die Anwendbarkeit privatrechtlicher Anspruchsgrundlagen aus (und umgekehrt). Zur Illustration sei auf das Beispiel der berühmten Hausverbotsfälle verwiesen: gegen ein Hausverbot, das für ein bestimmtes Behördengebäude verhängt worden ist, kommt entweder ein öffentlich-rechtlicher oder

---

[295] Dies erkennt zutreffend *Christian Pestalozza*, „Formenmißbrauch" des Staates, 1973, S. 185; *ders.*, DÖV 1974, 188, 189. Zum Problem der Formenwahlfreiheit siehe unten: II.b.

[296] Zu hybriden Normen siehe oben: III.2.

[297] Einschränkend *Gerrit Manssen*, Privatrechtsgestaltung durch Hoheitsakt, 1994, S. 59.

[298] Vgl. dazu auch *Gerrit Manssen*, Privatrechtsgestaltung durch Hoheitsakt, 1994, S. 59; *Detlef Schmidt*, Die Unterscheidung von privatem und öffentlichem Recht, S. 248.

ein privatrechtlicher Aufhebungsanspruch in Frage, je nachdem, ob der Staat in hoheitlicher Funktion gehandelt hat oder nicht. Wo sich die Behörde gleichwohl auf zwei wesensverschiedene Rechtsgrundlagen beruft (im Beispiel des Hausverbots also auf das Hausrecht als staatliche Institution und das Hausrecht als Immobiliareigentümer) liegen rechtlich betrachtet zwei verschiedene Maßnahmen vor, die auch prozessual getrennt voneinander zu würdigen sind. Aus dem Gesagten ergibt sich darüber hinaus, dass öffentlich-rechtliche und privatrechtliche Anspruchsgrundlagen einander nicht als lex specialis oder lex posterior derogieren – auch dies hat weniger mit einer rechtlichen Wesensverschiedenheit zwischen beiden Kategorien als vielmehr mit der Divergenz ihrer persönlichen Anwendungsbereiche zu tun.

2. Die Entscheidung über die Anwendbarkeit von öffentlichem Recht und Privatrecht

a. Der maßgebliche Anknüpfungspunkt: wann handelt der Staat als Träger der hoheitlichen Gewalt?

Die Entscheidung darüber, ob privatrechtliche oder öffentlich-rechtliche Anspruchsgrundlagen einschlägig sind, hängt davon ab, ob der Staat in seiner Eigenschaft als Träger der hoheitlichen Gewalt tätig geworden ist bzw. aktiv werden soll. Dass der Staat in seiner Eigenschaft als Träger der hoheitlichen Gewalt aufgetreten ist, unterliegt keinem Zweifel, wenn er sich solcher Handlungsformen bedient hat, die sich nur innerhalb des hoheitlichen Gewaltverhältnisses finden[299], so insbesondere, wenn er durch Verwaltungsakt tätig geworden ist, aber auch beim Erlass von Gesetzen und untergesetzlichem Recht. Wie lässt sich außerhalb dieser klar gelagerten Fälle erkennen, wann man mit einem Handeln des Staates in seiner Eigenschaft als Träger der hoheitlichen Gewalt konfrontiert ist? Die Antwort darauf hängt maßgeblich von zwei Gesichtspunkten ab. Die Frage danach, ob der Staat als solcher in Erscheinung getreten ist, ergibt nur insoweit einen Sinn, wie er dazu in der Lage erscheint, in einer anderen Rolle als derjenigen eines Trägers der hoheitlichen Gewalt zu agieren. Über dieses Thema wird seit langem gestritten – es handelt sich um die Frage nach einer „Formenwahlfreiheit des Staates".[300] Erst wenn geklärt worden ist, ob und inwiefern

---

[299] *Otto Bachof*, in: Festgabe 25 Jahre BVerwG, 1978, S. 1, 5.

[300] Kritisch zu diesem Begriff: *Martin Burgi*, in: Hoffmann-Riem/Schmidt-Aßmann/Voßkuhle (Hrsg.), Grundlagen des Verwaltungsrechts, 2. Aufl., Bd. I, 2012, § 18 Rn. 28.

der Staat privatrechtlich tätig sein kann, lassen sich Kriterien dafür suchen, wann man es mit der einen oder der anderen Rechtsform zu tun hat.

b. Das Problem der Formenwahlfreiheit: der Staat als dasjenige Rechtssubjekt, welches als Träger der hoheitlichen Gewalt definiert ist

Die Lehre von der Formenwahlfreiheit des Staates geht davon aus, dass der Staat immer dann von den Handlungsformen des Privatrechts Gebrauch machen darf, wenn es keine öffentlich-rechtlichen Vorschriften gibt, die ihm dies untersagen.[301] Nach allem, was weiter oben festgestellt worden ist, erweist sich eine solche Annahme als problematisch. Seine Natur als Träger der hoheitlichen Gewalt kann der Staat nicht abstreifen, wann es ihm passt, um in andere Rollen – insbesondere in diejenige als Rechtssubjekt des Privatrechts – zu schlüpfen.[302] Wie bereits ausgeführt wurde[303], liegt der Staat der rechtlichen Ordnung auf solche Weise voraus, dass er aus juristischer Sicht als eine hiervon unabhängige Größe besteht. An dieser Stelle ist zu ergänzen, dass er ihr nicht als Infinitum oder Indefinitum vorausliegt, sondern just als Träger der hoheitlichen Gewalt. Als solchen nimmt ihn die Rechtsordnung in Bezug, indem sie Abwehrrechte gegen sein Handeln bereithält und ihn hierdurch rechtlichen Bindungen unterwirft. Es verhält sich hier wie bei zahlreichen anderen Rechtssubjekten – die Rechtsordnung kennt den Staat als ein von ihr definiertes Subjekt, das sich auf sein vorausliegendes Wesen bezieht: den Staat als Träger der Hoheitsgewalt. Parallel dazu liegt auch der einzelne Mensch der rechtlichen Ordnung voraus, die ihn in Gestalt der natürlichen Person in Bezug nimmt – und zwar seinem

---

[301] *Martin Burgi*, in: Hoffmann-Riem/Schmidt-Aßmann/Voßkuhle (Hrsg.), Grundlagen des Verwaltungsrechts, 2. Aufl., Bd. I, 2012, § 18 Rn. 29; *Hans-Uwe Erichsen*, Jura 1982, 537, 544; *Rolf Stober*, in: Wolff/Bachof/Stober/Kluth, Verwaltungsrecht I, 13. Aufl., 2017, § 22 Rn. 4; vgl. dazu ferner *Martin Bullinger*, in: Festschrift für Fritz Rittner, 1991, S. 69, 80; *Dirk Ehlers*, Verwaltung in Privatrechtsform, 1984, S. 64 ff.; *Günter Püttner*, in: Festschrift für Hartmut Maurer, 2001, S. 713, 714 f.; *Rainer Schröder*, Verwaltungsrechtsdogmatik im Wandel, 2007, S. 221 ff.; *Manfred Zuleeg*, VerwArch 73 (1982), 384, 397 ff. Auch die ältere Lehre sprach sich – zum Teil noch unter dem Einfluss der Fiskustheorie – für eine umfassende Formenwahlfreiheit des Staates aus; siehe z. B. *Erich Kaufmann*, Autorität und Freiheit. Gesammelte Schriften, Bd. I, 1960, S. 106, 134; *Arthur Loeb*, Öffentliches Recht – Privatrecht – Sozialrecht, 1930, S. 16.

[302] Die Formenwahlfreiheit des Staates wird abgelehnt von *Alfons Gern*, ZRP 1985, 56, 60 (dort in Fn. 78); *Bernhard Kempen*, Die Formenwahlfreiheit der Verwaltung, 1989, S. 123, 129; *Christian Pestalozza*, „Formenmißbrauch" des Staates, 1973, S. 176; *ders.*, DÖV 1974, 188, 193; kritisch auch *Herbert Krüger*, Allgemeine Staatslehre, 2. Aufl., 1966, S. 326.

[303] Siehe dazu oben: Erstes Kapitel, IV.1.

Wesen entsprechend: als Mensch. Wer käme auf die Idee, dem Rechtssubjekt Mensch die freie Wahl seiner rechtlichen Handlungsform einzuräumen? Insofern gilt, was weiter oben festgestellt wurde[304]: dass sämtliches Recht personengebundenes Sonderrecht ist.[305] Es gibt keinen einleuchtenden rechtstheoretischen Grund, weshalb einige Rechtssubjekte freier als andere unter sämtlichen Handlungsformen der Rechtsordnung wählen dürfen.[306] Ebenso wenig wie irgendein anderes Rechtssubjekt vermögen der Staat und seine Untergliederungen ihre Rechtsnatur mir nichts, dir nichts zu ändern, um sich in den Genuss von wesensfremden Sonderrechten zu bringen, welche nach der gesetzgeberischen Konzeption und der zugrundeliegenden verfassungsrechtlichen Wertung anderen Subjekten vorbehalten sein sollten[307] – hinter dem Privatrecht stehen die Menschenwürde, die Privatautonomie und die Wirtschaftsgrundrechte.[308] Der Staat kann sich auf keine dieser grundlegenden Verfassungsnormen berufen. Privatheit im Sinne des BGB ist daher die Privatheit der nicht-staatlichen Subjekte[309]; deren originäres Betätigungsfeld regeln die Bestimmungen des BGB. Die Lehre von der Formenwahlfreiheit des Staates beruht somit in verschiedener Hinsicht auf unhaltbaren Prämissen.

c. Der Zugriff des Staates auf das Sonderrecht des Privaten bei gesetzlich eingeräumter Befugnis

Es steht dem Gesetzgeber frei, die Handlungsfähigkeit einer bestimmten Kategorie von Rechtssubjekten durch die Eröffnung solcher Rechtspositionen zu steigern, die sie gerade nicht in ihrer Eigenschaft ‚als solche' wahrnehmen (weswegen sie nicht zum angestammten Sonderrecht dieser Rechtssubjekte gehören). Ebenso wie er eine Privatperson in den Stand setzen kann, als Beliehener Hoheitsgewalt auszuüben oder öffentlich-rechtlich mit dem Staat zu kontrahieren, kann er auch den Staat dazu befähigen,

---

304 Siehe oben: Erstes Kapitel, III.2.

305 Ähnlich *Detlef Schmidt*, Die Unterscheidung von privatem und öffentlichem Recht, 1985, S. 254.

306 Vgl. dazu auch *Christian Pestalozza*, „Formenmißbrauch" des Staates, 1973, S. 176.

307 Mit anderen Worten: „der Verwaltung kommt nicht die Befugnis zu, über den Geltungsbereich von Recht und Gesetz selbständig zu bestimmen"; so zutreffend *Dirk Ehlers*, Verwaltung in Privatrechtsform, 1984, S. 70; ähnlich *Christian Pestalozza*, „Formenmißbrauch" des Staates, 1973, S. 176.

308 Siehe dazu statt vieler *Reinhard Bork*, Allgemeiner Teil des Bürgerlichen Gesetzbuchs, 4. Aufl., 2016, § 2 Rnrn. 102 f.

309 Siehe dazu oben: II.3.b.

Gestaltungsformen des BGB oder des privaten Gesellschaftsrechts für sich zu nutzen.[310] Entscheidend ist dabei, dass die Rechtsordnung entsprechende Erweiterungen der juristischen Handlungsmöglichkeiten ausdrücklich anordnen muss, da diese außerhalb jenes (durch das Sonderrecht geregelten) Betätigungsfeldes zu verorten sind, das für die wesentlichen Merkmale der betreffenden Kategorie von Subjekten ausschlaggebend erscheint.

Eine Befähigung des Staates, die rechtlichen Gestaltungsformen des Privatrechts zu nutzen, ist demzufolge nur dort anzunehmen, wo das Gesetz bei methodengerechter Auslegung so interpretiert werden muss, dass der Gesetzgeber einen solchen Zugriff von staatlichen Stellen auf die ihnen wesensfremden Rechtsinstitute des Privatrechts gewollt hat.[311] Mit einer entsprechenden Anordnung haben wir es zu tun, wenn Rechtsnormen, die an den Staat adressiert sind, ausdrücklich auf die Handlungsformen des Privatrechts verweisen – so zum Beispiel, wenn Bestimmungen des Kommunalrechts die Gründung von Unternehmen in privater Rechtsform gestatten.[312] Wo einzelne Vorschriften für konkrete Zusammenhänge die private Rechtsfähigkeit des Staates festlegen, lässt sich daraus gerade nicht konkludieren, der Gesetzgeber setze eine allgemeine Privatrechtsfähigkeit des Staates voraus[313] (dann gäbe es nämlich keinerlei Grund, diese ausdrücklich zu betonen), sondern es bedeutet im Gegenteil, dass eine solche Rechtsfähigkeit, die an sich nicht existiert, für den betreffenden Bereich eingeführt werden sollte.[314] Denkbar ist jedoch, dass der Staat in bestimmten

[310] *Martin Burgi*, in: Hoffmann-Riem/Schmidt-Aßmann/Voßkuhle (Hrsg.), Grundlagen des Verwaltungsrechts, 2. Aufl., Bd. I, 2012, § 18 Rn. 23 (der von einer „Wahlfreiheit des Verwaltungs-Gesetzgebers" spricht); *Rainer Schröder*, Verwaltungsrechtsdogmatik im Wandel, 2007, S. 219; vgl. auch *Ulrich Jentsch*, DÖV 1956, 299.

[311] Im Ergebnis ähnlich *Dirk Ehlers*, Verwaltung in Privatrechtsform, 1984, S. 72; *Paul Flückiger*, in: Festgabe für den Schweizerischen Juristenverein, 1955, S. 137, 147; *Christian Pestalozza*, „Formenmißbrauch" des Staates, 1973, S. 176f.

[312] Vgl. § 92 Abs. 2 Nr. 3 BbgKVerf; siehe dazu weiterführend *Stefan Haack*, in: Steiner/Brinktrine (Hrsg.), Besonderes Verwaltungsrecht, 9. Aufl., 2018, § 1 Rnrn. 236f.

[313] In diese Richtung jedoch *Heinrich de Wall*, Die Anwendbarkeit privatrechtlicher Vorschriften im Verwaltungsrecht, 1999, S. 26.

[314] Ein umfassendes Recht des Staates zur Wahl privater Rechtsformen wird z. T. aus § 1 VwVfG hergeleitet, der die Anwendung dieses Gesetzes auf die „öffentlich-rechtliche Verwaltungstätigkeit der Behörden" beschränkt und dadurch zu erkennen geben soll, dass der Gesetzgeber von einer umfassenden privatrechtlichen Handlungsfähigkeit des Staates ausgeht (in diese Richtung: *Gerrit Manssen*, Privatrechtsgestaltung durch Hoheitsakt, 1994, S. 69). Diese Schlussfolgerung ist jedoch keineswegs zwingend: § 1 VwVfG lässt sich ebensogut dahingehend verstehen, dass der Gesetzgeber um punktuell existierende, von ihm selbst ausdrücklich angeordnete privatrechtliche Gestaltungsbefugnisse wusste, die er vom Anwendungsbereich des VwVfG ausschließen woll-

Bereichen kraft Gewohnheitsrechts zum privatrechtlichen Handeln befähigt erscheint. Eine solche Annahme lässt sich insbesondere für die fiskalischen Hilfsgeschäfte (unter Einschluss der Auftragsvergabe) begründen.[315]

d. Bedeutung und Artikulation der Formenwahl bei der Einordnung des behördlichen Handelns

Wenn man die bisherigen Überlegungen zur Anwendbarkeit privatrechtlicher Gestaltungsformen auf das Handeln des Staates konsequent fortführt, ergibt sich daraus eine klare Schrittfolge für die juristische Prüfung.

(1.) In einem ersten Schritt ist danach zu untersuchen, ob die staatliche Stelle, deren Maßnahme zu beurteilen ist, überhaupt privatrechtlich tätig sein konnte.

(2.) Wo dies zutrifft, muss in einem zweiten Schritt festgestellt werden, ob sie im vorliegenden Fall von dieser Option Gebrauch gemacht hat.

(3.) Erst im dritten Schritt lässt sich sodann die privatrechtliche Rechtmäßigkeit der zu prüfenden Handlungen klären.

Anders als bisweilen gesagt wird[316], vermengt eine solche Herangehensweise die Bestimmung der Rechtsform nicht mit der Frage der Rechtmäßigkeit, sondern beherzigt den (oft übergangenen) Umstand, dass die Behörde von vornherein nicht privatrechtlich tätig sein kann, wo ihr der Anwendungsbereich der entsprechenden Handlungsformen nicht zur Verfügung gestellt worden ist. Die Vornahme einer privatrechtlichen Handlung durch eine juristische Person des öffentlichen Rechts, die hierzu nicht befähigt erscheint, wäre rechtlich in gleicher Weise unmöglich und unbeachtlich wie ein Verwaltungsakt, den ein Privater (ohne dass es sich bei ihm um einen Beliehenen handelt) einem anderen gegenüber erlässt. Schäden, die sich aus einem berechtigten Vertrauen auf das behördliche Handeln ergeben, sind im Wege der Amtshaftung (§ 839 BGB i. V. m. Art. 34 GG) zu kompensieren.

---

te. Vgl. dazu auch *Rainer Schröder*, Verwaltungsrechtsdogmatik im Wandel, 2007, S. 222.

[315] Der Streit über die Formenwahlfreiheit betrifft bei Lichte besehen weniger den Gesichtspunkt, dass die Verwaltung nur dort auf das Privatrecht zugreifen darf, wo die Rechtsordnung dies gestattet, als vielmehr die Frage, ob das geltende Recht eine solche Zulassung in einer allgemeinen und ubiquitären Form vorsieht. Dies macht insbesondere die Auflösung des Problems bei *Gerrit Manssen*, Privatrechtsgestaltung durch Hoheitsakt, 1994, S. 74 f. klar. Vgl. hierzu ferner *Rainer Schröder*, Verwaltungsrechtsdogmatik im Wandel, 2007, S. 219.

[316] Näher dazu *Stefan Haack*, in: Gärditz (Hrsg.), VwGO, 2. Aufl., 2018, Rn. 79 zu § 40.

Angesichts dessen, dass der Grundsatz vom öffentlich-rechtlich handelnden Staat ebenso feststeht wie die Bedingungen, die gegeben sein müssen, um eine Ausnahme anzuerkennen, ist es nicht nötig, eine Vermutungsregel zugunsten einer öffentlich-rechtlichen Einordnung zu formulieren, die immer dann eingreifen soll, wenn ein Träger der hoheitlichen Gewalt die ihm obliegenden Verwaltungsaufgaben erfüllt.[317] Wo für Zweifel kein Raum bleibt, gibt es auch nichts zu vermuten. Soweit ein privatrechtliches Tätigsein in Betracht kommt, muss positiv festgestellt und stichhaltig dargelegt werden, dass die staatliche Stelle von dieser Handlungsoption Gebrauch gemacht hat.[318] Letzteres setzt voraus, dass der Wille, in privater Rechtsform zu handeln, eindeutig artikuliert worden ist.[319] Wenn es an einer solchen unmissverständlichen Willensbekundung zur Nutzung der privatrechtlichen Gestaltungsform fehlt, hat die Behörde als das gehandelt, was sie ihrem Wesen nach ist: nämlich als Trägerin der hoheitlichen Gewalt. Als juristischer Maßstab zur Beurteilung ihrer Tätigkeit kommt dann nur das öffentliche Recht in Betracht.

3. Kriterien der Anwendbarkeit von Privatrecht und öffentlichem Recht bei Realhandlungen einer Behörde

Wie die Abgrenzung der Anwendungsbereiche zu bewältigen ist, sei zur Abrundung dieses Abschnitts an zwei seit langem umstrittenen Fragenkreisen verdeutlicht: gemeint ist die Abgrenzung des öffentlichen Rechts vom Privatrecht bei behördlichen Realhandlungen und bei Verträgen. Im Falle der Realhandlungen lautet eine geläufige Formulierung, die Wahl des einschlägigen (öffentlich-rechtlichen oder privatrechtlichen) Abwehranspruchs (und folglich auch die Eröffnung des Rechtswegs) richte sich nach der rechtlichen Natur des Verhaltens, das abgewehrt werden soll. Hilfreich erscheint diese Überlegung insbesondere, wenn sich das Realhandeln, um das es geht, als der Vollzug eines Verwaltungsakts darstellt: in diesem Fall übt die Behörde hoheitliche Gewalt aus, weshalb als Prüfungsmaßstab allein öffentliches Recht in Betracht kommt.[320] Bei allen anderen Situationen ist an die grundsätzlichen Überlegungen zur Anwendbarkeit des öffentlichen Rechts anzuknüpfen. Weil der Staat prinzipiell aufgrund

---

317 Siehe hierfür statt vieler *Ludwig Renck*, JuS 1986, 268, 270; vgl. auch *Manfred Zuleeg*, VerwArch 73 (1982), 384, 393, 397.

318 *Christian-Friedrich Menger*, in: Festschrift für Hans J. Wolff, 1973, S. 149, 165.

319 *Hans-Uwe Erichsen*, Jura 1982, 537, 544; *Alfons Gern*, ZRP 1985, 56, 61.

320 *Alfons Gern*, ZRP 1985, 56, 59.

seines angestammten Sonderrechts handelt und nur ausnahmsweise (nämlich im Falle einer ausdrücklichen Zulassung durch den Gesetzgeber) auf privatrechtliche Gestaltungsformen zurückgreifen darf, kommen Realhandlungen, die nach Privatrecht zu beurteilen sind, nur in speziellen Konstellationen in Frage[321]: Realhandlungen des Staates unterliegen den Maßstäben des Privatrechts, sofern hierfür eine ausdrückliche Rechtsgrundlage besteht, die das staatliche Handeln erfasst, und der Staat im konkreten Fall erklärtermaßen davon Gebrauch gemacht hat.[322] Vergleichbares gilt bei denjenigen Realhandlungen des Staates, die mit seinen hoheitlichen Aufgaben und Befugnissen von vornherein nicht im Zusammenhang stehen, sondern aus einer – ausnahmsweise zugelassenen – Ausübung privatrechtlicher Rechtspositionen (wie zum Beispiel Besitz oder Sacheigentum) folgen. Ähnlich verhält es sich dann, wenn der störende Realakt von einem formell privatisierten Rechtsträger herrührt, der aufgrund seiner privatrechtlichen Beschaffenheit nicht anders als privatrechtlich tätig sein konnte. Diese drei Konstellationen berühren und überschneiden einander – und laufen im Kern auf dasselbe hinaus: in all diesen Fällen hat die Rechtsordnung den Staat ausnahmsweise zur Wahrnehmung von privatrechtlichen Gestaltungsformen befähigt. Dass die privatrechtlichen Maßstäbe auch dann anwendbar sind, wenn sich das fragliche Handeln der staatlichen Stelle nicht zurechnen lässt (insbesondere also im Fall des Exzesses[323]), erscheint selbstverständlich und ist deshalb nicht weiter zu thematisieren.

4. Kriterien der Anwendbarkeit von Privatrecht und öffentlichem Recht bei Verträgen

a. Grundlegende Aspekte der Unterscheidung von öffentlich-rechtlichen und privatrechtlichen Verträgen

Eines der schwierigsten Probleme bei der Frage nach der Anwendbarkeit von öffentlichem Recht und Privatrecht bildet die Einordnung von Verträgen.[324] Hierbei lohnt es sich zunächst, ausgehend von den bislang gewonnenen Erkenntnissen das Selbstverständliche festzuhalten: Verträge, die zwi-

---

[321] Vgl. dazu auch *Christian Pestalozza*, „Formenmißbrauch" des Staates, 1973, S. 179.

[322] *Hans-Uwe Erichsen*, Jura 1982, 537, 544.

[323] Vgl. *Helge Sodan*, in: Sodan/Ziekow (Hrsg.), Verwaltungsgerichtsordnung, 5. Aufl., 2018, Rn. 425 zu § 40.

[324] Siehe dazu beispielsweise *Günter Püttner*, in: Festschrift für Hartmut Maurer, 2001, S. 713, 718 f.

schen Privatpersonen (in ihrer Eigenschaft als nicht-staatliche Subjekte[325]) geschlossen worden sind, unterliegen definitionsgemäß den Bestimmungen des Privatrechts (und damit insbesondere den Vorschriften des BGB); die Ansprüche, die sich daraus ergeben, tragen – was keiner Erklärung bedarf – privatrechtlichen Charakter. Verträge, die zwischen zwei Trägern der hoheitlichen Gewalt (in ihrer Eigenschaft als solche) zustande kommen, müssen definitionsgemäß dem öffentlichen Recht unterliegen; die Ansprüche, die sich daraus ergeben, sind demzufolge als öffentlich-rechtlich zu qualifizieren. Wenn die rechtliche Ordnung staatliche Stellen befähigt, nicht in ihrer Eigenschaft als solche, sondern in der Eigenschaft eines Rechtssubjekts des Privatrechts zu handeln, können sie mit Privatpersonen, aber auch mit anderen staatlichen Stellen (sofern auch diese in entsprechender Weise befähigt erscheinen) privatrechtlich kontrahieren. Auch den umgekehrten Fall sieht die Rechtsordnung vor – gemeint ist die Ermächtigung von Privaten, in eine öffentlich-rechtliche Vertragsbeziehung zu treten. Zu finden ist diese insbesondere in den §§ 54 ff. VwVfG.[326] Hierbei bedarf es jedoch der Differenzierung.

b. Die Zuordnung von subordinationsrechtlichen Verträgen zum öffentlichen Recht

Bei sog. subordinationsrechtlichen Verträgen gemäß § 54 Satz 2 VwVfG tritt die Rechtsform des Vertrages in einem Zusammenhang auf, in dem die Behörde auch durch Verwaltungsakt handeln könnte.[327] Derartige Verträge werden somit im Bereich von Subordinationsverhältnissen geschlossen. Vom Standpunkt der hiesigen Lehre her betrachtet, handelt es sich dabei um einen Vertrag zwischen zwei öffentlich-rechtlichen Rechtssubjekten: es kontrahieren der Staat in seiner Eigenschaft als Träger der hoheitlichen Gewalt mit dem Privaten in seiner Eigenschaft als Herrschaftsunterworfener, d. h. als Beteiligter der Über- und Unterordnungsbeziehung. Als Beispiel hierfür stelle man sich einen öffentlich-rechtlichen Vertrag zwischen dem Eigentümer einer gefahrenträchtigen Sache, der seitens der Ordnungsbehörde als Zustandsstörer in Anspruch genommen werden könnte, und dem Rechtsträger dieser Behörde über eine ordnungsgemäße Beseitigung und

---

[325] Siehe dazu oben: II.3.b.

[326] Zur juristischen Rollenverschiedenheit bei Privaten siehe oben: II.3.b. sowie Erstes Kapitel, III.2.

[327] Nach herrschender Auffassung ist dieser Zusammenhang weit zu verstehen; siehe dazu *Jörn Axel Kämmerer*, in: Bader/Ronellenfitsch (Hrsg.), BeckOK VwVfG, 41. Ed., 2018, Rn. 84 zu § 54.

Entsorgung vor. Im vorliegenden Kontext der Unterscheidung von öffentlichem Recht und Privatrecht verdienen es drei Punkte, hervorgehoben zu werden:

(1.) Beide Vertragsparteien handeln in derselben rechtlichen Sphäre (nämlich im Bereich der Subordination).

(2.) Beide Parteien handeln in ihrer eigenen rechtlichen Sphäre (da es sich um die Subjekte des Subordinationsverhältnisses handelt – der Private tritt hier gerade nicht in seiner Eigenschaft als ein nicht-staatliches Subjekt, sondern in seiner Rolle als Herrschaftsunterworfener auf).

(3.) Beide Parteien handeln in der Sphäre des öffentlichen Rechts (weil es das Recht der Subordinationsbeziehungen bildet).

Leistungen, die unmittelbar mit der Ausübung der hoheitlichen Gewalt zusammenhängen, können nur die Rechtssubjekte des öffentlichen Rechts (in ihrer Eigenschaft als solche) erbringen oder empfangen.[328] Es besteht demzufolge kein Zweifel, dass derartige Verträge dem öffentlichen Recht unterliegen.

An dieser Einordnung ändert sich nichts, wenn der Private innerhalb einer subordinationsrechtlichen Vertragsbeziehung Leistungen verspricht und erbringt, die seiner privatrechtlichen Sphäre (im herkömmlichen Sinn dieses Ausdrucks) entstammen – Leistungen also, die nur von einem Privaten in seiner Eigenschaft als nicht-staatliches Subjekt bewirkt werden können. Hierzu sei an das zuvor erwähnte Beispiel eines Zustandsstörers erinnert, der sich zur ordnungsgemäßen Beseitigung und Entsorgung der gefahrenträchtigen Sache verpflichtet: um eine Leistung des Privaten in seiner Eigenschaft als nicht-staatliches Subjekt müsste es sich handeln, wenn er sich über seine Pflichten aus dem Subordinationsverhältnis hinaus (welche die Beseitigung und die Entsorgung umfassen) zur Zahlung eines zusätzlichen Geldbetrages oder zur Bereitstellung von Sicherheiten verpflichtet. Bei genauerem Hinsehen zeigt sich, dass der Private im Hinblick auf diesen Teil des Vertrages gerade nicht in seiner Eigenschaft als Herrschaftsunterworfener und somit außerhalb seiner Funktion als öffentlich-rechtliches Rechtssubjekt auftritt. Mit anderen Worten: wenn der Private im Rahmen eines subordinationsrechtlichen Vertrages originär privatrechtliche Gegenleistungen bewirkt, handelt er in einer doppelten Rolle – allerdings vollziehen sich diese Rollenverdoppelung und der damit einhergehende Rollenwech-

[328] Die Lehre vom Vertragsgegenstand und die Sonderrechtstheorie stehen hiernach nicht in einem Gegensatz zueinander (wie ihn *Christian Pestalozza*, DÖV 1974, 188, 192 andeutet). Vgl. dazu auch *Manfred Zuleeg*, VerwArch 73 (1982), 384, 392.

sel im Regelfall unbemerkt und problemlos. Vergleichbares gilt, wenn der Staat (aufgrund einer gesetzlich statuierten Befähigung[329]) zusätzlich zu den Verpflichtungen aus dem Bereich der Subordinationsbeziehung originär privatrechtliche Leistungen erbringt.

All dies zusammengenommen bedeutet, dass bei subordinationsrechtlichen Verträgen sowohl der Staat als auch der Private per definitionem in ihrer Eigenschaft als Beteiligte des vorrechtlichen Herrschaftsverhältnisses involviert sind. Demgegenüber erscheinen privatrechtliche Leistungen, wie sie typischerweise von nicht-staatlichen Subjekten erbracht werden können, akzidentiell. Subordinationsrechtliche Verträge sind daher durchgängig dem öffentlichen Recht zuzuordnen. Die Bestimmungen des öffentlichen Rechts entscheiden dabei auch, inwiefern und in welchem Umfang eine Verbindung von subordinationsrechtlichen mit privatrechtlichen Vertragsbestandteilen zulässig ist (vgl. § 56 VwVfG).

c. Die Zuordnung von Verträgen außerhalb der Subordination

Bei Verträgen außerhalb eines Subordinationsverhältnisses sind verschiedene Konstellationen zu unterscheiden. Verträge sind – wie soeben festgestellt[330] – rein privatrechtlicher Natur, wenn der Staat (aufgrund einer gesetzlichen Befähigung) die Gestaltungsmöglichkeiten seines angestammten Sonderrechts hinter sich lässt und (in erkennbarer Weise) eine privatrechtliche Gestaltungsform wählt. Mit Verträgen dieser Art hat man es zu tun, wenn die vorgesehenen Leistungen ausschließlich von einem Privaten (in seiner Eigenschaft als ein nicht-staatliches Subjekt) empfangen oder erbracht werden können. Hierbei gelten die oben erläuterten[331] Grenzen für ein privatrechtliches Handeln des Staates.

Kompliziert gestaltet sich die Rechtslage, wenn es zu einer Kombination der beiden Rechtssphären kommt. Inwieweit sind Fallgestaltungen denkbar, in denen der Staat (in seiner Eigenschaft als Träger der hoheitlichen Gewalt) mit dem Privaten (in seiner Eigenschaft als nicht-staatliches Subjekt) kontrahiert?[332] Kann es Vertragsverhältnisse geben, die rechtlich betrachtet außerhalb eines Subordinationsverhältnisses liegen und gleichwohl den Staat als solchen betreffen? Ein anschauliches Beispiel für einen

[329] Siehe dazu oben: 2.c.

[330] Siehe dazu vorstehend: a.

[331] Siehe dazu oben: 2.c.

[332] *Christian Pestalozza* („Formenmißbrauch“ des Staates, 1973, S. 181; *ders.*, DÖV 1974, 188, 192) verkürzt die Problematik dadurch, dass er einseitig auf die Beteiligung und die sonderrechtliche Bindung des Staates abstellt.

solchen Vertrag bildet die Vereinbarung zwischen einem Rechtsträger der hoheitlichen Gewalt und einem privaten Investor über die öffentlich-rechtlichen Rahmenbedingungen einer bestimmten Investition. Obgleich der Staat hier in seiner Eigenschaft als Träger der öffentlichen Gewalt tätig wird, sind die Beziehungen zum Privaten nicht durch das Subordinationsverhältnis geprägt: der Staat vermag den Privaten im Regelfall nicht durch einen Verwaltungsakt zu bestimmten Investitionen zu zwingen. In derartigen Konstellationen erscheinen privatrechtliche und öffentlich-rechtliche Leistungen oftmals unlöslich miteinander verknüpft und aufeinander bezogen. Je nach der Gestaltung des Vertrages handeln hier eine oder beide Seiten außerhalb ihrer angestammten rechtlichen Sphären, so dass es schwierig sein mag zu entscheiden, ob der geschlossene Vertrag dem Privatrecht oder dem öffentlichen Recht unterliegt.[333] Da die Beteiligten hierüber schon im Moment des Vertragsschlusses unterschiedlicher Ansicht sein können, lässt sich die Anwendbarkeit des einen oder des anderen Normenkomplexes nicht anhand ihres Willens oder ihrer Verlautbarungen, sondern nur anhand objektiver Kriterien[334] bestimmen, die sich auf den Inhalt des Vertrages beziehen.[335]

Ausschlaggebend für die juristische Einordnung und Bewertung solcher Verträge ist schlussendlich, dass diese aufgrund der sonderrechtlichen Gebundenheit beider Seiten nur insofern wirksam zustande gebracht werden können, als der Gesetzgeber entsprechende Gestaltungsmöglichkeiten eröffnet.[336] Dieser Rechtsgrundlage ist im Wege einer methodengerechten Auslegung zu entnehmen, wie man nach der Vorstellung des Gesetzgebers

---

[333] Auch in diesem Zusammenhang ist es keineswegs hilfreich, mit der Kategorie ‚Rechtsverhältnis' zu operieren. Vgl. dazu *Christian-Friedrich Menger*, in: Festschrift für Hans J. Wolff, 1973, S. 149, 156.

[334] So auch *Hans-Uwe Erichsen*, Jura 1982, 537, 544; kritisch demgegenüber *Christian Pestalozza*, DÖV 1974, 188, 192.

[335] *Gerrit Manssen* (Privatrechtsgestaltung durch Hoheitsakt, 1994, S. 57) erblickt hierin einen Grund dafür, neben den geltend gemachten Anspruchsgrundlagen auch die Vorschriften des objektiven Rechts – er spricht diesbezüglich von „Primärnormen" – zu qualifizieren; ihm folgend *Heinrich de Wall*, Die Anwendbarkeit privatrechtlicher Vorschriften im Verwaltungsrecht, 1999, S. 45. Dies lässt sich jedoch vermeiden, indem man (aus einer objektiven Sicht heraus) danach fragt, von wem die vereinbarten Leistungen ihrem Wesen zufolge erbracht werden können.

[336] Die frühere Ablehnung von öffentlich-rechtlichen Verträgen zwischen Bürger und Staat erschien insoweit berechtigt, als es an einer Rechtsgrundlage für diese Art von Verträgen gefehlt hat. Siehe hierfür beispielsweise *Zaccaria Giacometti*, Über die Grenzziehung zwischen Zivilrechts- und Verwaltungsrechtsinstituten in der Judikatur des schweizerischen Bundesgerichts, 1924, S. 17.

mit entsprechenden Verträgen in materieller und in prozessualer Hinsicht umgehen soll. Was die Behandlung derartiger Verträge im geltenden Recht anbelangt, ist den §§ 54 ff. VwVfG eine Festlegung zu entnehmen, wonach Ansprüche aus gemischten Verträgen – vorbehaltlich einer Spezialregelung – in vollem Umfang dem verwaltungsrechtlichen Regime unterstellt werden sollen; dies macht sie (auch dort, wo es um eine privatrechtlich zu bewirkende Teilleistung geht) zu öffentlich-rechtlichen Ansprüchen im Sinne von § 40 VwGO. § 62 Satz 2 VwVfG verzahnt die verwaltungsrechtlichen Bestimmungen über Verträge mit den Vorschriften des BGB. Objektivrechtliche Sätze über Willenserklärungen, Leistungsstörungen oder Verjährungsfristen stellen sich auch im Bereich des Vertragsrechts als neutrales Recht dar.[337] Gerade in diesem Zusammenhang zeigt sich, dass es nur wenig Sinn hat, etwas anderes als den gerichtlich geltend zu machenden Anspruch als privatrechtlich oder öffentlich-rechtlich zu qualifizieren.[338]

Lässt sich eine von beiden Seiten auf einen Vertrag ein, dessen Abschluss ihr juristisches Handlungsvermögen von vornherein übersteigt, kommt dieser nicht wirksam zustande. Ohne eine gesetzliche Befähigung hierzu kann der Staat ebensowenig privatrechtliche Verträge abschließen wie der einzelne als Partei eines Staatsvertrags in Betracht kommt. Wer seine eigenen rechtlichen Handlungsgrundlagen verkennt, hat dafür – nach den richtigerweise auf ihn anwendbaren Regeln – zu haften. Gibt eine staatliche Stelle zu Unrecht vor, zum Abschluss eines bestimmten Rechtsgeschäfts imstande zu sein (weil es ausschließlich Privaten vorbehalten erscheint oder zumindest dieser Behörde als Handlungsform nicht zu Gebot steht), so hat der jeweilige Rechtsträger den hierdurch verursachten Schaden im Wege der Amtshaftung zu ersetzen.

V. Die Qualifikation von Rechtsstreitigkeiten

Prozessrechtlich spielt die Unterscheidung von öffentlichem Recht und Privatrecht vor allem bei § 40 VwGO eine Rolle, der den Verwaltungsrechtsweg für öffentlich-rechtliche Streitigkeiten eröffnet. Wenn hierzu gesagt wird, Rechtsstreitigkeiten seien anhand der streitentscheidenden Normen

---

[337] Siehe dazu oben: I.2.

[338] A. A. *Gerrit Manssen*, Privatrechtsgestaltung durch Hoheitsakt, 1994, S. 57; *Heinrich de Wall*, Die Anwendbarkeit privatrechtlicher Vorschriften im Verwaltungsrecht, 1999, S. 45.

zu qualifizieren[339], ist dies – von dem ausgehend, was weiter oben skizziert worden ist – zu präzisieren. Da nur Anspruchsgrundlagen als privatrechtlich oder öffentlich-rechtlich qualifiziert werden können[340], muss sich die Wendung von den ‚streitentscheidenden Normen' gerade darauf beziehen[341] – und nicht auf andere, mittelbar ausschlaggebende Sätze. Wie könnte es sich anders verhalten, wenn man bedenkt, dass Vorschriften aus dem BGB, aber auch aus anderen, üblicherweise als privatrechtlich angesehenen Regelungswerken ohne weiteres auch für die Entscheidung von Rechtsstreitigkeiten aus dem Bereich des Verwaltungsrechts relevant werden können? Anstelle unzähliger anderer Beispiele sei hier an die Klärung der Eigentumsverhältnisse im Rahmen einer Anfechtungsklage gegen die Inanspruchnahme als Zustandsstörer erinnert. Neben der Qualifikation von Anspruchsgrundlagen als privatrechtlich oder öffentlich-rechtlich umfasst die Suche nach den streitentscheidenden Normen auch den Aspekt, welche Anspruchsgrundlage im konkreten Fall anwendbar ist.[342] Demgegenüber erscheint es unnötig, nach den Parteien des Rechtsstreits zu fragen[343]: wenn man als streitentscheidende Norm allein das subjektive Recht in Betracht zieht, fällt die Frage nach den Beteiligten eines Rechtsstreits mit der Frage nach den Normadressaten zusammen. Freilich hat es der Gesetzgeber auch hier in der Hand, Ausnahmen (in der Gestalt einer Prozessstandschaft) zu gestatten.

VI. Die Theorie des öffentlichen Rechts als Apologie des Justizstaats

Mit der Betrachtung, worauf die Unterteilung in privatrechtliche und öffentlich-rechtliche Rechtsstreitigkeiten im Prozessrecht hinausläuft, ergibt sich nunmehr ein abgerundetes Bild. Wenn man sich ernstlich darum bemüht, die Theorie des öffentlichen Rechts gegen den politischen Missbrauch zu immunisieren und die juristischen Strukturen innerhalb des Verhältnisses von Staat und Privaten gegenüber den Elementen der politi-

---

[339] So statt vieler *Peter Unruh*, in: Fehling/Kastner/Störmer (Hrsg.), Verwaltungsrecht, 4. Aufl., 2016, Rn. 84 zu § 40 VwGO.

[340] Siehe oben: I.1.

[341] Im Ergebnis ebenso *Gerrit Manssen*, Privatrechtsgestaltung durch Hoheitsakt, 1994, S. 55; *Heinrich de Wall*, Die Anwendbarkeit privatrechtlicher Vorschriften im Verwaltungsrecht, 1999, S. 25.

[342] Siehe dazu oben: IV.

[343] A. A. *Dirk Ehlers/Jens-Peter Schneider*, in: Schoch/Schneider/Bier (Hrsg.), Verwaltungsgerichtsordnung, Loseblatt (Stand: Mai 2018), Rn. 240 zu § 40.

Literatur

Achterberg, Norbert, Allgemeines Verwaltungsrecht, 2. Auflage, Heidelberg 1986

Annuß, Georg, Der Arbeitnehmer als solcher ist kein Verbraucher, in: NJW 2002, S. 2844 ff.

Auge, Oliver, Lehnrecht, Lehnswesen, in: Cordes/Haferkamp/Lück/Werkmüller/Bertelsmeier-Kierst (Hrsg.), Handwörterbuch zur deutschen Rechtsgeschichte, 2. Auflage, Bd. III, Berlin 2016, Sp. 717 ff.

Austin, John, Lectures on Jurisprudence, 5. Auflage, Bd. II, London 1885

Bachof, Otto, Über öffentliches Recht, in: Festgabe aus Anlaß des 25jährigen Bestehens des Bundesverwaltungsgerichts, München 1978, S. 1 ff.

Baur, Fritz, Neue Verbindungen zwischen Privatrecht und öffentlichem Recht, in: JZ 1963, S. 41 ff.

Bork, Reinhard, Allgemeiner Teil des Bürgerlichen Gesetzbuchs, 4. Auflage, Tübingen 2016

Brückner, Christian, Die Trennung von Privatrecht und öffentlichem Recht, in: Festgabe zum Schweizerischen Juristentag 1985, Basel u. a. 1985, S. 35 ff.

Brunner, Otto, Land und Herrschaft, 5. Auflage, Wien 1965 (Nachdruck 1990)

Bullinger, Martin, Öffentliches Recht und Privatrecht, Stuttgart u. a. 1968

ders., Öffentliches Recht und Privatrecht, in: Festschrift für Fritz Rittner, München 1991, S. 69 ff.

ders., Die funktionelle Unterscheidung von öffentlichem Recht und Privatrecht als Beitrag zur Beweglichkeit von Verwaltung und Wirtschaft in Europa, in: Hoffmann-Riem/Schmidt-Aßmann (Hrsg.), Öffentliches Recht und Privatrecht als wechselseitige Auffangordnungen, Baden-Baden 1997, S. 239 ff.

Burckhardt, Walther, Methode und System des Rechts, Zürich 1936 (Nachdruck 1971)

Burgi, Martin, Rechtsregime, in: Hoffmann-Riem/Schmidt-Aßmann/Voßkuhle (Hrsg.), Grundlagen des Verwaltungsrechts, 2. Auflage, Bd. I, München 2012, S. 1257 ff.

Burmeister, Joachim, Die Privatrechtsfähigkeit des Staates, in: Prütting (Hrsg.), Recht und Gesetz im Dialog III, Köln u. a. 1986, S. 1 ff.

Bydlinski, Franz, Diskussionsbeitrag, in: Zur Erneuerung der Struktur der Rechtsordnung, Wien 1970, S. 130 ff.

ders., Privatrecht und umfassende Gewaltenteilung, in: Festschrift für Walter Wilburg, Graz 1975, S. 53 ff.

ders., Kriterien und Sinn der Unterscheidung von Privatrecht und öffentlichem Recht, in: AcP 194 (1994), S. 319 ff.

Calliess, Gralf-Peter, Weitgehende Übereinstimmung und laufendes Programm – Zur Legitimation von Privatrecht im Zeitalter der Globalisierung, in: Riesenhuber (Hrsg.), Rechtsangleichung: Grundlagen, Methodik und Inhalte, Berlin 2011, S. 115 ff.

Degenhart, Christoph, Staatsrecht I. Staatsorganisationsrecht, 34. Auflage, Heidelberg 2018

Drath, Martin, Das Gebiet des öffentlichen und des privaten Rechtes, in: ZSozR 3 (1931), S. 229 ff.

Dreier, Horst, Die deutsche Staatsrechtslehre zur Zeit des Nationalsozialismus, in: VVDStRL 60 (2001), S. 9 ff.

Ehlers, Dirk, Verwaltung in Privatrechtsform, Berlin 1984

ders./Schneider, Jens-Peter, Kommentierung zu § 40, in: Schoch/Schneider/Bier (Hrsg.), Verwaltungsgerichtsordnung, Loseblatt (Stand: Mai 2018), München

Eisenhardt, Ulrich, Deutsche Rechtsgeschichte, 6. Auflage, München 2013

Engels, Friedrich, Der Ursprung der Familie, des Privateigentums und des Staates, in: Marx/Engels, Ausgewählte Schriften, Bd. II, Berlin 1955, S. 159 ff.

Erichsen, Hans-Uwe, Öffentliches und privates Recht, in: Jura 1982, S. 537 ff.

Flückiger, Paul, Das Zivilrecht als Rechtsquelle des Verwaltungsrechts, in: Festgabe der rechts- und wirtschaftswissenschaftlichen Fakultät der Universität Bern, Bern 1955, S. 137 ff.

Forsthoff, Ernst, Lehrbuch des Verwaltungsrechts, 10. Auflage, München 1973

Friedrichs, Karl, Der Allgemeine Teil des Rechts, Berlin u. a. 1927

Gagnér, Sten, Über Voraussetzungen einer Verwendung der Sprachformel „öffentliches Recht und Privatrecht" im kanonistischen Bereich, in: von Caemmerer/Zweigert (Hrsg.), Deutsche Landesreferate zum VII. Internationalen Kongress für Rechtsvergleichung in Uppsala 1966, Berlin 1967, S. 23 ff.

Gern, Alfons, Neuansatz der Unterscheidung des öffentlichen Rechts vom Privatrecht, in: ZRP 1985, S. 56 ff.

Giacometti, Zaccaria, Über die Grenzziehung zwischen Zivilrechts- und Verwaltungsrechtsinstituten in der Judikatur des schweizerischen Bundesgerichts, Tübingen 1924

Gierke, Otto von, Die soziale Aufgabe des Privatrechts, Berlin 1889 (Nachdruck 1948)

Grimm, Dieter, Die Trennung von öffentlichem und privatem Recht, in: Dilcher/Horn (Hrsg.), Sozialwissenschaften im Studium des Rechts, Bd. IV, München 1978, S. 55 ff.

ders., Recht und Staat der bürgerlichen Gesellschaft, Berlin 1987

ders., Das Öffentliche Recht vor der Frage nach seiner Identität, Tübingen 2012

Gundel, Jörg, Der grundrechtliche Status der Ausländer, in: Isensee/Kirchhof (Hrsg.), Handbuch des Staatsrechts, 3. Auflage, Bd. IX, München 2011, S. 843 ff.

Gygi, Fritz, Verwaltungsrecht und Privatrecht, Bern 1956

Haack, Stefan, Verlust der Staatlichkeit, Tübingen 2007

ders., L'État – qu'est-ce que c'est?, in: Der Staat 49 (2010), S. 107 ff.

ders., Primitive Staatstheorie, in: Der Staat 51 (2012), S. 57 ff.

ders., Läuterung der Verwaltungsrechtstheorie, in: RW 2013, S. 418 ff.

ders., Die Geburt der Dogmatik aus dem Geist des Prozesses, in: Rechtstheorie 46 (2015), S. 281 ff.

ders., Theorie des öffentlichen Rechts, Tübingen 2017
ders., Kommunalrecht, in: Steiner/Brinktrine (Hrsg.), Besonderes Verwaltungsrecht, 9. Auflage, Heidelberg 2018, S. 1 ff.
ders., Kommentierung zu § 40, in: Gärditz (Hrsg.), VwGO, 2. Auflage, Köln 2018
ders., Streitgegenstand, Rechtsverhältnis und Verletzung in eigenen Rechten: auf der Suche nach drei Phantombegriffen der Prozessrechtsdogmatik, in: VerwArch 109 (2018), S. 503 ff.
Hähnchen, Susanne, Rechtsgeschichte, 5. Auflage, Heidelberg 2016
Hellgardt, Alexander, Wer hat Angst vor der unmittelbaren Drittwirkung?, in: JZ 2018, S. 901 ff.
Hill, Hermann, Das hoheitliche Moment im Verwaltungsrecht der Gegenwart, in: DVBl. 1989, S. 321 ff.
Hillgruber, Christian, Kommentierung zu Art. 1, in: Epping/Hillgruber (Hrsg.), Grundgesetz, Beck'scher Online-Kommentar, 39. Edition, München 2018
Hobbes, Thomas, Leviathan, Erster und Zweiter Teil (Reclam Taschenbuch), Stuttgart 1996
Hoffmann-Riem, Wolfgang, Öffentliches Recht und Privatrecht als wechselseitige Auffangordnungen – Systematisierung und Entwicklungsperspektiven, in: Hoffmann-Riem/Schmidt-Aßmann (Hrsg.), Öffentliches Recht und Privatrecht als wechselseitige Auffangordnungen, 1997, S. 261 ff.
Hofmann, Hasso, Die Unterscheidung von öffentlichem und privatem Recht, in: Der Staat 57 (2018), S. 5 ff.
Honsell, Heinrich, Einleitung zum BGB, in: J. von Staudingers Kommentar zum Bürgerlichen Gesetzbuch mit Einführungsgesetz und Nebengesetzen, Neubearbeitung, Berlin 2018
Huber, Ernst Rudolf, Einheit und Gliederung des völkischen Rechts, in: ZGStW 98 (1938), S. 310 ff.
Isensee, Josef, Das Grundrecht als Abwehrrecht und als staatliche Schutzpflicht, in: Isensee/Kirchhof (Hrsg.), 3. Auflage, Bd. IX, Heidelberg 2011, S. 413 ff.
Jellinek, Georg, System der subjektiven öffentlichen Rechte, 2. Auflage, Tübingen 1905 (Nachdruck 2011)
Jellinek, Walter, Verwaltungsrecht, 3. Auflage, Berlin u. a. 1931
Jentsch, Ulrich, Zum Begriff des öffentlichen Rechts, in: DÖV 1956, S. 299 f.
Kallwass, Wolfgang/Abels, Peter, Privatrecht, 23. Auflage, München 2018
Kämmerer, Jörn Axel, Kommentierung zu § 54, in: Bader/Ronellenfitsch (Hrsg.), Verwaltungsverfahrensgesetz, Beck'scher Online-Kommentar, 41. Edition, München 2018
Kaufmann, Erich, Autorität und Freiheit. Gesammelte Schriften, Bd. I, Göttingen 1960
Kelsen, Hans, Allgemeine Staatslehre, Berlin 1925
ders., Reine Rechtslehre, 2. Auflage, Wien 1960 (Nachdruck 1967)
ders., Allgemeine Theorie der Normen, Wien 1979 (Nachdruck 1990)
Kempen, Bernhard, Die Formenwahlfreiheit der Verwaltung, München 1989
Krebs, Walter, Verwaltungsorganisation, in: Isensee/Kirchhof (Hrsg.), Handbuch des Staatsrechts, 3. Auflage, Bd. V, Heidelberg 2011, S. 457 ff.
Krüger, Herbert, Allgemeine Staatslehre, 2. Auflage, Stuttgart u. a. 1966

Kummer, Heinz, Öffentliches und privates Recht in der politischen Grundordnung, in: ZGStW 104 (1943), S. 29 ff.
Leisner, Walter, Unterscheidung zwischen privatem und öffentlichem Recht, in: JZ 2006, S. 869 ff.
Loeb, Arthur, Öffentliches Recht – Privatrecht – Sozialrecht, Bochum 1930
Manssen, Gerrit, Privatrechtsgestaltung durch Hoheitsakt, Tübingen 1994
Martens, Wolfgang, Öffentlich als Rechtsbegriff, Berlin u. a. 1969
Mayer, Otto, Deutsches Verwaltungsrecht, 3. Auflage, Bd. I, Berlin 1924 (Nachdruck 1969)
Mayer-Maly, Theo, Diskussionsbeitrag, in: Zur Erneuerung der Struktur der Rechtsordnung, Wien 1970, S. 98 ff.
Melichar, Erwin, Der Gegensatz von öffentlichem und privatem Recht im weltlichen und kirchlichen Recht, in: JBl. 1948, S. 525 ff., 550 ff., 581 ff., 613 ff.
Menger, Christian-Friedrich, Zum Stand der Meinungen über die Unterscheidung von öffentlichem und privatem Recht, in: Festschrift für Hans J. Wolff, München 1973, S. 149 ff.
Michl, Fabian, Situativ staatsgleiche Grundrechtsbindung privater Akteure, in: JZ 2018, S. 910 ff.
Mitteis, Heinrich, Der Staat des hohen Mittelalters, 11. Auflage, Wien u. a. 1986
Molitor, Erich, Über öffentliches Recht und Privatrecht, Karlsruhe 1949
Müller, Friedrich/Christensen, Ralph, Juristische Methodik, Bd. I, 11. Auflage, Berlin 2013
Müller-Graff, Peter-Christian, Das soft law der europäischen Organisationen: Einführung, in: Iliopoulos-Strangas/Flauss (Hrsg.), Das soft law der europäischen Organisationen, Baden-Baden u. a. 2012, S. 139 ff.
Nawiasky, Hans, Allgemeine Rechtslehre, 2. Auflage, Einsiedeln u. a. 1948
Pestalozza, Christian, „Formenmißbrauch“ des Staates, München 1973
ders., Kollisionsrechtliche Aspekte der Unterscheidung von öffentlichem Recht und Privatrecht, in: DÖV 1974, S. 188 ff.
Pfaff, Dieter, Das Problem der Unterscheidung „Öffentliches und privates Recht“ in der Entwicklung der sowjetischen Rechtslehre, in: ZVglRWiss 70 (1968), S. 129 ff.
Püttner, Günter, Öffentliches und privates Recht, in: Festschrift für Hartmut Maurer, München 2001, S. 713 ff.
Radbruch, Gustav, Rechtsphilosophie, 8. Auflage, Stuttgart 1973
Raiser, Ludwig, Die Zukunft des Privatrechts, Berlin u. a. 1971
Renck, Ludwig, Über die Unterscheidung zwischen öffentlichem und privatem Recht, in: JuS 1986, S. 268 ff.
Riezler, Erwin, Bürgerliches Recht im Gegensatz zum öffentlichen Recht, in: Schlegelberger (Hrsg.), Rechtsvergleichendes Handwörterbuch, Zweiter Band, Berlin 1929, S. 609 ff.
Rill, Heinz Peter, Zur Abgrenzung des öffentlichen vom privaten Recht, in: ÖZöR 1961, S. 457 ff.
Roller, Martina, Die Rechtsfähigkeit des Nasciturus, Berlin 2013
Rüfner, Wolfgang, Grundrechtsträger, in: Isensee/Kirchhof (Hrsg.), Handbuch des Staatsrechts, 3. Auflage, Bd. IX, München 2011, S. 731 ff.
Samuel, Geoffrey, Public and Private Law, in: MLR 46 (1983), S. 558 ff.

Schenk, Josef Freiherr von, Die Abgrenzung des öffentlichen und privaten Rechts, in: ÖZöR 1 (1914), S. 63 ff.
Scheuner, Ulrich, Die Unterscheidung zwischen öffentlichem und privatem Recht, insbesondere für die Gerichtsverfassung, in: DJZ 1935, Sp. 1462 ff.
Schmidt, Detlef, Die Unterscheidung von privatem und öffentlichem Recht, Baden-Baden 1985
Schmidt-Aßmann, Eberhard, Öffentliches Recht und Privatrecht: ihre Funktion als wechselseitige Auffangordnungen, in: Hoffmann-Riem/Schmidt-Aßmann (Hrsg.), Öffentliches Recht und Privatrecht als wechselseitige Auffangordnungen, Baden-Baden 1997, S. 7 ff.
Schmitt, Carl, Politische Theologie, 7. Auflage, Berlin 1996
ders., Glossarium, Neuausgabe, Berlin 2015
Schöbener, Burkhard/Knauff, Matthias, Allgemeine Staatslehre, 4. Auflage, München 2019
Schöne, Ludwig, Privatrecht und Öffentliches Recht, Diss. Freiburg 1955 (ungedr.)
Schröder, Jan, Privatrecht und öffentliches Recht, in: Festschrift für Joachim Gernhuber, Tübingen 1993, S. 961 ff.
Schröder, Rainer, Verwaltungsrechtsdogmatik im Wandel, Tübingen 2007
Schwabe, Jürgen, Die sogenannte Drittwirkung der Grundrechte, München 1971
ders., Privates oder öffentliches Recht und sonst gar nichts?, in: DVBl. 2018, S. 492 ff.
Seiler, Christian, Kommentierung zu Art. 74, in: Epping/Hillgruber (Hrsg.), Grundgesetz, Beck'scher Online-Kommentar, 39. Edition, München 2018
Senn, Marcel, Rechtsgeschichte – ein kulturhistorischer Grundriss, 4. Auflage, Zürich 2007
Siebert, Wolfgang, Privatrecht im Bereich der öffentlichen Verwaltung, in: Festschrift für Hans Niedermeyer, Göttingen 1953, S. 215 ff.
Skouris, Wassilios, Der Einfluß des europäischen Gemeinschaftsrechts auf die Unterscheidung zwischen Privatrecht und öffentlichem Recht, in: EuR 1998, S. 111 ff.
Sodan, Helge, Kommentierung zu § 40, in: Sodan/Ziekow (Hrsg.), Verwaltungsgerichtsordnung, 5. Auflage, Baden-Baden 2018
Staats, Johann-Friedrich, Deutsches Richtergesetz, Baden-Baden 2012
Stamm, Sina, Eisenbahnverfassung und Bahnprivatisierung, Berlin 2010
Stelkens, Ulrich, Kommentierung zu § 35, in: Stelkens/Bonk/Sachs (Hrsg.), Verwaltungsverfahrensgesetz, 9. Auflage, München 2018
Stober, Rolf, Verwaltungsrecht und Gesamtrechtsordnung, in: Wolff/Bachof/Stober/Kluth, Verwaltungsrecht I, 13. Auflage, München 2017, S. 199 ff.
Stolleis, Michael, Öffentliches Recht und Privatrecht im Prozeß der Entstehung des modernen Staates, in: Hoffmann-Riem/Schmidt-Aßmann (Hrsg.), Öffentliches Recht und Privatrecht als wechselseitige Auffangordnungen, Baden-Baden 1997, S. 41 ff.
ders., Geschichte des öffentlichen Rechts in Deutschland, Dritter Band, München 1999
Strauss, Leo, Naturrecht und Geschichte, Stuttgart 1956
Thieme, Werner, Der Allgemeine Teil des Deutschen Rechts, in: Festschrift für Hans-Ernst Folz, Wien u. a. 2003, S. 341 ff.

Tomandl, Theodor, Diskussionsbeitrag, in: Zur Erneuerung der Struktur der Rechtsordnung, Wien 1970, S. 66 ff.

Trute, Hans-Heinrich, Verzahnungen von öffentlichem und privatem Recht, in: Hoffmann-Riem/Schmidt-Aßmann (Hrsg.), Öffentliches Recht und Privatrecht als wechselseitige Auffangordnungen, Baden-Baden 1997, S. 167 ff.

Unruh, Peter, Kommentierung zu § 40 VwGO, in: Fehling/Kastner/Störmer (Hrsg.), Verwaltungsrecht, 4. Auflage, Baden-Baden 2016

Vesting, Thomas, Wiederkehr der bürgerlichen Gesellschaft und ihres Rechts?, in: Schlosser (Hrsg.), Bürgerliches Gesetzbuch 1896–1996, Heidelberg 1997, S. 183 ff.

ders., Staatstheorie, München 2018

de Wall, Heinrich, Die Anwendbarkeit privatrechtlicher Vorschriften im Verwaltungsrecht, Tübingen 1999

Walter, Robert, Referat [ohne Titel], in: Zur Erneuerung der Struktur der Rechtsordnung, Wien 1970, S. 49 ff.

Wesel, Uwe, Geschichte des Rechts, 4. Auflage, München 2014

Wiederin, Ewald, Kommentar, in: Grimm, Das Öffentliche Recht vor der Frage nach seiner Identität, Tübingen 2012, S. 91 ff.

Wolf, Ernst, Zur Methode der Bestimmung von privatem und öffentlichem Recht, in: Festschrift für Erich Molitor, München u. a. 1962, S. 1 ff.

Wolf, Gerhard, Die Gesetzwidrigkeit von Fernsehübertragungen aus Gerichtsverhandlungen, in: NJW 1994, S. 681 ff.

Wolff, Hans J., Der Unterschied zwischen öffentlichem und privatem Recht, in: AöR 76 (1950/51), S. 205 ff.

Wyduckel, Dieter, Über die Unterscheidung von öffentlichem Recht und Privatrecht in der Reinen Rechtslehre, in: Krawietz/Schelsky (Hrsg.), Rechtssystem und gesellschaftliche Basis bei Hans Kelsen, Berlin 1984, S. 113 ff.

ders., Ius Publicum, Berlin 1984

Zippelius, Reinhold, Allgemeine Staatslehre, 17. Auflage, München 2017

Zuleeg, Manfred, Die Anwendungsbereiche des öffentlichen Rechts und des Privatrechts, in: VerwArch 73 (1982), S. 384 ff.

Zumbansen, Peer, Ordnungsmuster im modernen Wohlfahrtsstaat, Baden-Baden 2000

Sach- und Personenregister

Stefan Haack

Theorie des öffentlichen Rechts

Die Geschichte des öffentlichen Rechts ist schon immer die Geschichte einer Unterscheidung des Rechts von anderen Arten der Normativität im Bereich der hoheitlichen Verwaltung gewesen. An Regelungen und Normen herrscht bekanntlich auch in Diktaturen kein Mangel. Lässt sich im Hinblick auf derartige Normen, die ausschließlich der Planung, Programmierung und Steuerung dienen, tatsächlich von öffentlichem Recht sprechen? Was macht die Verrechtlichung der öffentlichen Sphäre aus, die den echten Rechtsstaat kennzeichnet? Die These dieses Buches lautet, dass allein der Bestand und der Umfang subjektiver Rechte für die Verrechtlichung der hoheitlichen Sphären maßgeblich sind. Eine Theorie des öffentlichen Rechts, die rechtsstaatlichen Ansprüchen genügen möchte und gegen politischen Missbrauch immunisiert werden soll, muss konsequent vom subjektiven öffentlichen Recht her entwickelt werden.

Aus Rezensionen:
»Conclusio: originelle, theoretisch höchst anspruchsvolle Gedankenführung, mehr als begrüßenswerte Intension und willkommene Renaissance von Georg Jellinek und Otto Bachof.«
Michael Fuchs
DVBl 2018, 1344

2017. VIII, 93 Seiten.
Fadengeheftete Broschur
ISBN 978-3-16-155461-2

Mohr Siebeck
Tübingen
info@mohrsiebeck.com
mohrsiebeck.com

